IL CORAGGIO DI SOGNARE NOI, GLI **ONE DIRECTION**

100% UFFICIALE

1D

IL CORAGGIO DI SOGNARE NOI, GLI **ONE DIRECTION**

INTRODUZIONE

Benvenuti al nostro secondo libro, ragazzi! Non riusciamo quasi a crederci. Vogliamo ringraziare tutti voi che avete comprato il primo portandolo in testa alle classifiche in Inghilterra. Speriamo che anche questo vi piaccia così tanto.

Ci siamo divertiti da matti a scriverlo e a ricordare tutti i momenti folli, divertenti, emozionanti che abbiamo vissuto finora. E ci dovete credere, ce ne sono stati tanti. Vogliamo raccontarvene più che possiamo, perciò qui dentro potrete leggere tutti gli alti e bassi che abbiamo avuto, sapere veramente cosa pensiamo l'uno dell'altro e scoprire i grandi piani che abbiamo per il futuro.

È incredibile pensare a tutto quello che ci è capitato in così poco tempo. L'anno scorso, in questo stesso periodo, stavamo cominciando l'avventura di *X Factor* in Inghilterra. Da allora abbiamo viaggiato tantissimo e imparato una quantità di cose veramente pazzesca, e abbiamo anche fatto della musica di cui siamo incredibilmente fieri e che speriamo vi piacerà.

Non stiamo esagerando quando diciamo che quelli che stiamo vivendo sono i momenti più belli della nostra vita, e li dobbiamo solo a voi. Vogliamo ringraziarvi tutti per il fantastico sostegno che ci date. Non potete nemmeno immaginare cosa vuol dire per noi: vi adoriamo, e ci aspettano ancora tanti grandi momenti da vivere insieme.

Con tutto il nostro amore,

HARRY STYLES

GIORNI FELICI

A volte ho dei flash di quando ero bambino. I miei primi ricordi sono di una gita che ho fatto a Disney World, in Florida, quando avevo circa cinque anni. Tutto mi sembrava gigantesco e divertente e mi piaceva un mondo.

La prima volta che mi sono veramente separato dalla mia famiglia è stato quando sono andato all'asilo nido Happy Days. E quelli sono stati davvero giorni felici! Tutti lì mi hanno sempre trattato bene e la proprietaria dell'asilo era anche la mia babysitter, perciò probabilmente ho potuto giocare con i giocattoli più belli molto più spesso degli altri bambini. Da piccolo ero molto educato e non creavo mai problemi. Mi interessava più giocare che fare casino.

Me lo ricordo bene, il mio primo giorno di scuola. La mamma è stata in classe con me per metà della giornata, poi è tornata a casa. Tutti i bambini hanno giocato tra di loro e qualcuno si è anche messo a piangere. Io mi trovavo benone e poi lì c'erano alcuni miei amici, perciò mi sono abituato presto alla scuola e non mi è mai dispiaciuto andarci. Alle elementari il mio migliore amico si chiamava Jonathan: siamo amici ancora adesso, ci vediamo spesso. È venuto anche a trovarmi in tour e ci teniamo sempre in contatto.

The Boy's a
Genus

Ho cominciato a recitare nel teatro della scuola quando ero veramente piccolo e una volta ho fatto anche Buzz Lightyear di *Toy Story* in una recita basata su *Chitty Chitty Bang Bang*. Lo so che questo film racconta di un'automobile magica e non c'entra con *Toy Story* e che sembra tutto un po' strano, ma il fatto è che nella storia in cui ho recitato, quando i bambini dovevano nascondersi dall'accalappiabambini c'erano anche Buzz e Woody nel negozio di giocattoli, e io mi dovevo vestire proprio da Buzz.

Ecco, quella è stata una delle mie prime "performance", se così la vogliamo chiamare. Ho anche recitato in *Barney*, la storia di un topo che vive in una chiesa. Io facevo Barney e dovevo mettermi i collant grigi di mia sorella, un cerchietto con le orecchie da topo in testa e poi cantare davanti a tutti. Secondo me sono stato un buon topo.

Mi è sempre piaciuto cantare. La prima canzone che ho imparato a memoria è stata *Girl of My Best Friend* di Elvis Presley. È stato mio papà a farmi conoscere la musica e quando il nonno mi ha regalato un karaoke io e mio cugino abbiamo registrato alcune canzoni di Elvis. Vorrei averle ancora, sarebbe bello riascoltarle.

Da piccolo mi piaceva la matematica perché potevo usare i mattoncini e i cubi colorati e mi divertivo un mondo, ma crescendo l'ho trovata sempre più difficile e ho cominciato ad appassionarmi all'inglese. Ero davvero bravo a scrivere i temi e sono stato molto orgoglioso di me la prima volta che ho preso il massimo dei voti. Però in classe mi distraevo molto, chiacchieravo con i miei compagni e passavo un sacco di tempo a sognare a occhi aperti, e così, purtroppo, di ottimi voti non ne ho più presi.

A scuola mi piaceva anche educazione fisica e giocavo spesso a calcio. Quando ho cominciato a giocare come portiere nella squadra dei bambini del mio paese ho conosciuto anche tantissimi ragazzini che venivano da altre scuole, e alla fine mi ero fatto parecchi amici. Mi è sempre piaciuto da matti stare in mezzo alla gente e conoscere persone nuove, perciò sono sempre stato in una compagnia di amici molto grande. In più, io avevo sia amiche che amici. Non ero uno di quei ragazzini inglesi che pensano che le ragazzine puzzano e perciò non le vogliono vedere: io ero amico di tutti.

NELLA PAGINA ACCANTO: **A TRE ANNI, MENTRE GIOCO IN GIARDINO**

Col tempo sono diventato un po' più scatenato e quando avevo otto o nove anni ho cominciato a mettere a dura prova la pazienza di tutti. Spesso cercavo di fare degli scherzi anche ai professori. Poi hanno iniziato a interessarmi sempre di più le ragazze. Ho fatto a botte solo una volta quando andavo a scuola, ed è stato alle elementari. Non sono il tipo che va in cerca di risse, e se qualcuno avesse provato a fare a botte con me, credo che mi sarei messo a ridere.

Quando avevo sette anni i miei hanno divorziato, e quello è stato proprio un periodo strano. Ricordo che sono scoppiato a piangere quando mi hanno detto che si separavano, ma dopo mi è passata. Forse non mi rendevo conto di cosa stava davvero succedendo, ero solo triste che i miei genitori non stessero più insieme.

La mamma, mia sorella Gemma e io abbiamo lasciato Holmes Chapel, il paesino del Cheshire dove sono nato, e ci siamo trasferiti in campagna. La nostra nuova casa era un pub e la mamma ne era la proprietaria. Lì vicino viveva Reg, l'unico bambino della zona oltre a me e così, anche se era più grande di me e aveva l'età di mia sorella, abbiamo cominciato a stare sempre insieme. L'estate che ci siamo trasferiti in campagna andavo tutti i giorni con Reg alla fabbrica di gelati Great Budworth, che era più o meno a tre chilometri da casa. Me la ricordo benissimo. È la stessa fabbrica dove ho portato i ragazzi della band quando sono venuti a stare da me dopo che avevamo passato i provini, in attesa che cominciasse *X Factor*. E il gelato lo fanno ancora buono come quando ero piccolo.

A proposito di ragazze, quando avevo circa sei anni ero amico di una bambina che si chiamava Phoebe Fox. Sua madre e la mia erano amiche del cuore e io avevo anche comprato a Phoebe un orsacchiotto uguale al mio e tutte quelle cose lì. Era una tipa carinissima. Ho avuto anche delle altre fidanzatine quando ero piccolo ma una vera fidanzata l'ho avuta solo a dodici anni. Poi ho cominciato a vedermi con una ragazza che si chiamava Emilie, e siamo andati avanti per un sacco di tempo, se pensate a quanto eravamo giovani. Ancora adesso siamo buoni amici. Sono stato anche con una tipa che si chiamava Abi. Credo di poter dire che è stata la mia prima fidanzata seria.

Adesso sono single dalla fine del 2009 e mi va bene così. Non sono tutto il giorno in cerca di una ragazza, ma se ne dovessi incontrare una con cui sto bene, sarebbe veramente fantastico. Mi piace molto stare con qualcuno, e se arriva la persona giusta, vedremo come va a finire.

Quando avevo circa dodici anni ci siamo ritrasferiti a Holmes Chapel ed è stato allora che mia madre ha conosciuto il mio patrigno, Robin. Lui mi piaceva parecchio e chiedevo sempre a mia madre quando veniva a trovarci, ma lei voleva essere sicura che sia Gemma che io fossimo felici di averlo nella nostra famiglia. Lei si preoccupava molto di questa cosa, perciò alla fine mandavo un mucchio di messaggi a Robin per dirgli di venire perché era un tipo che mi piaceva sul serio. Sono sempre andato d'accordo con lui e ci vado d'accordo ancora.

Sono stato davvero contento quando Robin ha chiesto a mia madre di sposarla. Le ha fatto una sorpresona, gliel'ha chiesto mentre guardavano la televisione la vigilia di Natale, qualche anno fa. Io ero a casa della mia fidanzata Abi e mi ricordo quando è arrivata la telefonata di mia madre e quanto ero felice quando mi ha detto che si sarebbero sposati. Non so però quando hanno in programma di farlo, e anche se c'è stato qualcuno che l'ha detto, non credo che gli One Direction suoneranno al matrimonio.

Mia mamma e io siamo sempre stati molto legati. Sono proprio un cocco di mamma. Però sono anche molto legato a mio papà Des, e lui mi sostiene in tutte le cose che faccio. Penso che noi due ci somigliamo in tante cose.

Anche con mia sorella sono sempre andato d'accordo. So che molti fratelli litigano e anche noi abbiamo avuto i nostri problemi crescendo, ma adesso stiamo spesso insieme e mi ha anche seguito per una parte del tour.

Devo ammettere che ho avuto qualche caduta di stile negli anni e purtroppo certe foto compromettenti sono rimaste! I miei capelli sono cambiati varie volte: quando sono nato erano biondi chiari e ricci, poi sono diventati castani e lisci, e a dodici anni sono tornati di nuovo ricci. Insomma, sono passati attraverso un sacco di fasi.

SOPRA: **GUARDA CHE TARANTOLA!**
NELLA PAGINA ACCANTO: **DURANTE UNA VACANZA IN FLORIDA A SEI ANNI. CHE COSTUME!**

MI PIACCIONO
LE COSE IN CUI
CI VUOLE ABILITÀ E
IN CUI C'È DI MEZZO
UNA SFIDA

La peggiore è stata quando a otto anni mi sono fatto le *mèches* bionde. Sembravo un vero tamarro. Mi sentivo un fico quando sono andato a scuola con le *mèches* il giorno dopo averle fatte, ma, ripensandoci ora, dovevo sembrare davvero uno sfigato. Vivevo in tuta da ginnastica, e siccome tutto quello che volevo fare era andarmene in giro in bici, direi che vestirmi così rientrava nella mia immagine.

Alle medie. mi sono davvero divertito. Ho studiato un bel po'... però mi sono anche divertito; la vita è tutta una questione di giusto equilibrio. Ho anche giocato molto a badminton alle medie. Mio padre è bravissimo, e in questo io ho preso da lui e sono sempre stato uno che vuole vincere. Mi piaceva il fatto che non era uno sport che facevano tutti e che ci vuole tanta abilità. Mi piacciono le cose in cui ci vuole abilità, e in cui c'è di mezzo una sfida.

Durante l'ultimo anno delle medie ho fatto amicizia con un ragazzo che si chiamava Will e che è diventato come un fratello per me. Avevamo lo stesso senso dell'umorismo e siamo andati d'accordo dal primo momento. Lui e Hayden, un suo amico, erano tutti presi dall'idea di mettere su una band e c'era un tipo, Nick, che aveva appena cominciato a suonare il basso e così si è unito a loro. Volevano partecipare a una gara scolastica tra band e avevano bisogno di un cantante, così mi hanno chiesto di andare a provare.

È stato un po' uno shock perché fino a quel momento avevo solo cantato sotto la doccia o in macchina. Non me la cavavo male a cantare, questo lo sapevo, ma non avevo davvero idea di come sarebbe andata. Mi immaginavo sempre, però, quanto sarebbe stato fico far parte di una band, e così ho cominciato a provare con loro. Cantavamo sempre *Summer of 69* di Bryan Adams e *Be My Girl* degli Jet, e abbiamo deciso di suonarle anche alla gara.

Eravamo pronti e dovevamo compilare il modulo d'iscrizione, ma non avevamo ancora un nome e non ci veniva in mente niente. Quando è arrivato il giorno prima della gara, dovevamo assolutamente scrivere qualcosa nel modulo, e allora abbiamo scelto una cosa completamente a caso. Io avevo suggerito White Eskimo e siccome non ci era venuto niente di meglio, abbiamo scritto quello, e da allora in poi ci siamo chiamati così.

IL CORAGGIO DI SOGNARE

La gara si teneva nella mensa scolastica e avevamo deciso di vestirci tutti uguali con camicia bianca e cravatta nera. Ci sembrava davvero di essere dei tipi fichissimi. Tutti i nostri amici stavano sotto il palco mentre cantavamo *Summer of 69* e subito dopo una ragazza si è avvicinata e ci fa: "Ma dove l'avete trovata questa?". Alla fine siamo rimasti in tre finalisti e abbiamo dovuto cantare di nuovo – alla fine abbiamo vinto noi, ed è stata una cosa pazzesca. Dopo la gara abbiamo deciso di fare le prove un po' più seriamente.

Qualche tempo dopo la band era cambiata perché avevamo un nuovo bassista e un nuovo chitarrista, Jacob. Provavamo ogni mercoledì dopo la scuola a casa di Will. È stato allora che abbiamo avuto il nostro primo ingaggio.

Una ragazza a scuola mi aveva detto che sua madre si sposava e voleva farci suonare al suo matrimonio, così abbiamo provato per due giorni di fila. Avevamo una lista di venticinque canzoni che aveva scelto la sposa e le abbiamo imparate tutte. Abbiamo usato l'amplificatore di mio padre, ce lo siamo portati dietro e abbiamo sistemato le apparecchiature: è andato tutto alla grande. Ci sentivamo proprio come una vera band. Abbiamo suonato un sacco di pezzi di Bob Marley, qualche canzone acustica, e io ho anche cantato l'"Alleluia".

Uno degli ospiti alla festa era un produttore discografico, è venuto a parlarci e ci ha detto che eravamo davvero bravi. Ci ha anche detto che gli ricordavo Mick Jagger, un cantante che io, ovviamente, adoravo.

Ci avevano pagato 160 sterline per suonare, che poi erano 40 a testa. In più, ci avevano anche dato dei panini gratis. Cosa potevamo volere di più dalla vita? Dopo il matrimonio ci siamo messi a provare sempre più spesso. La mamma di Will si chiama Yvette Fielding e fa la presentatrice alla radio e alla tv. Ci ha sempre dato ottimi consigli, incoraggiamenti e aiuti ogni volta che ne avevamo bisogno. A quel punto eravamo proprio decisi a portare avanti la band e a trovarci, un giorno o l'altro, un contratto discografico o qualcosa del genere.

Harry - Louis - Zayn - Niall - Liam! 1D
THERES
ONLY
ONE
DIRECTION

Io avevo sempre pensato di fare il provino per *X Factor*, e dopo aver visto Eoghan Quigg e Lloyd Daniels nel 2009, volevo andarci ancora di più: loro due avevano la mia stessa età e nella classifica finale erano riusciti a piazzarsi benissimo. Dopo che avevamo suonato al matrimonio avevo anche capito che cosa vuol dire cantare davanti a un pubblico. Mi era piaciuto da matti stare su un palcoscenico e volevo continuare a farlo sempre più spesso.

Non sapevo se ero proprio all'altezza della cosa e avevo un sacco di paura ad andare a iscrivermi sul serio, ed è per questo che alla fine è stata mia mamma a iscrivermi e a mandare tutti i documenti al posto mio – voi non potete immaginare quanto le sono grato per questo! Spesso mi capita di pensare "e se non l'avesse fatto?" oppure "e se questa o quest'altra cosa fosse andata diversamente?" Ci pensavo proprio l'altro giorno mentre ero con la band e stavamo leggendo un articolo su di noi. Allora ho improvvisamente realizzato che se non fossi andato a *X Factor*, a quest'ora sarei ancora a scuola. Invece viaggio per tutta l'Inghilterra – e anche in altre parti del mondo – con quattro dei miei migliori amici, e sto vivendo alla grande.

SEMPRE PIÙ IN ALTO

Mi ricordo un sacco di cose dei provini per *X Factor* e di tutto il reality ma allo stesso tempo mi sembra tutto incredibilmente sfocato. Per me il momento più bello è stato quando ci hanno detto che ci mettevano insieme in una band. Durante le prove avevo parlato con Louis, Zyan e Niall e mi ricordo che pensavo "mi divertirò un casino", ma non mi è mai passato per la testa nemmeno per un secondo che le cose potessero andare così.

Dopo la trasmissione siamo andati a stare a casa del mio patrigno nel Cheshire e durante i primi giorni abbiamo passato tutto il tempo a conoscerci meglio. Era un'esperienza nuova per noi perché era come vivere da studenti in un appartamento. La mamma e Robin ci avevano lasciati completamente per conto nostro. Il primo giorno noi cinque abbiamo messo insieme tutti i nostri soldi e la mamma ci ha riempito il frigo con un sacco di cose da mangiare e poi ci hanno lasciati soli a organizzarci.

Una sera ho cucinato io per tutti – pollo, patatine e piselli – e ci siamo seduti intorno al tavolo a sparare scemate. A parte questo, mi sa che abbiamo mangiato soprattutto roba in scatola e giocato a calcio in giardino. Studiavamo canto per dieci minuti e poi giocavamo a calcio per tre ore, nuotavamo e andavamo in macchina al fast food... Non facevamo niente di speciale, ma era un buon modo per conoscerci meglio. Scoprivamo piccole cose l'uno dell'altro dicendo cretinate.

Dal primo momento io ho legato con Louis. Di carattere ci somigliamo un bel po' e mi piace che lui sa essere carino con tutti e prendere le cose come vengono. Ti fa stare bene quando conosci un tipo come lui. Mi sento che posso dirgli qualsiasi cosa, e mi sono sentito così da subito. Lui può essere incredibilmente spiritoso ma subito dopo diventare serio se uno ha un problema, e i suoi consigli sono sempre giustissimi.

È stato così quando siamo andati in Spagna da Simon Cowell, l'ideatore di *X Factor*, ed è proprio strano perché non ci conoscevamo ancora benissimo e poi, di colpo, eccoci in aereo e ci sembrava di andare in vacanza. Stavamo ancora cominciando a scoprire tante cose l'uno dell'altro – e ancora adesso lo stiamo facendo –, perciò anche quello è stato un periodo veramente fico. Improvvisamente ci siamo sentiti cresciuti, perché eravamo in questo pazzesco talent show e anche se lo staff di *X Factor* era lì con noi, per tante cose dovevamo cavarcela da soli.

Quando abbiamo saputo che eravamo in finale, quello è stato un momento che non dimenticherò mai. Non ce lo aspettavamo davvero che Simon avrebbe scelto proprio noi, perciò appena ce l'hanno detto è stata la sensazione più incredibile del mondo. Quando abbiamo telefonato ai nostri genitori per dirglielo eravamo praticamente sotto shock, ma non dovevamo dirlo a nessun altro e questa è stata la cosa più difficile. Io lo avrei detto a tutto il mondo da quanto ero felice.

Dopo la Spagna siamo tornati a casa per un po' e io ho ordinato un sacco di vestiti per le esibizioni dal vivo di *X Factor* con i soldi che mi aveva prestato la mamma, perché volevo essere preparato. Tra parentesi, glieli ho ridati tutti.

La cosa più strana era abituarsi al fatto che la gente sapeva chi ero. I provini li hanno trasmessi il giorno prima di farmi entrare nella casa di *X Factor* e tutti i miei amici

FACTOR
TEENAGE
STRAY

mi mandavano messaggi per dirmi bravo. Mentre stavamo andando a Londra ci siamo fermati a una pompa di benzina: un tizio mi ha riconosciuto, ed è stato veramente strano.

Trasferirmi nella casa di *X Factor* è stato bellissimo, anche se la nostra stanza era minuscola. Dopo qualche giorno ha cominciato a fare un po' schifo, perché potete immaginarvi cosa succede quando cinque ragazzi dividono un posto così piccolo e non possono uscire... Avevamo un sacco di valigie e c'era troppa roba nella stanza, perciò alla fine era diventata una schifezza. A quanto pare qualcuno a un certo punto ha mandato ad analizzare la sporcizia sul muro in un laboratorio ed è venuto fuori che c'erano un casino di batteri.

Noi cercavamo di tenere la stanza in ordine, ma più andavamo avanti con *X Factor*, più si accumulava roba, e la stanza sembrava rimpicciolirsi a vista d'occhio. Comunque, alla fine, non deve avermi sconvolto poi più di tanto, visto che io e Louis stiamo pensando di andare a vivere insieme. Ci si poteva stare, insomma.

Ho tantissimi bei ricordi di quando ero nella casa, specialmente di tutte le volte che giravo nudo. Spogliarsi è un vero sollievo, mi fa sentire incredibilmente libero. È una cosa che mi viene sempre da fare così di colpo, ma a nessuno sembrava dare troppo fastidio. Penso addirittura che a Mary Byrne, una cantante di cinquant'anni che gareggiava con noi, sotto sotto questa cosa piaceva... Ero anche diventato sempre più sicuro di me durante *X Factor* a forza di stare sempre di fronte a tanta gente, e questa sicurezza si vedeva quando mi spogliavo. Anche a scuola, certe volte, mi tiravo giù i pantaloni e mostravo le chiappe tanto per ridere, e forse stavo un po' continuando con quell'abitudine.

Qualche volta mi mettevo proprio nudo, altre volte avevo un tanga. Per il mio compleanno il mio amico Nick mi aveva comprato un tanga con un motivo dorato a pelle di serpente e io me l'ero portato nella casa perché pensavo che poteva essere divertente. È stato così che ho cominciato a mettermelo.

Una volta ho dovuto fare un video per la tv in cui ero nudo e gli altri ragazzi della band erano intorno a me e si dovevano passare degli oggetti cercando di tenere coperte le

QUANDO ABBIAMO SAPUTO CHE ERAVAMO IN FINALE, QUELLO È UN MOMENTO CHE NON DIMENTICHERÒ MAI

SPOGLIARSI
È UNA VERA
LIBERAZIONE

mie parti intime. O almeno questa era l'idea, ma a un certo punto Zayn non ha mosso in tempo il libro che aveva in mano e il cameraman ha inquadrato tutto. Ecco, non si può certo dire che sono un tipo timido.

Per quanto riguarda le sfide a *X Factor*, mi è piaciuto un sacco cantare *Something About the Way You Look Tonight*, che avevo suggerito io appena l'avevo sentita durante la settimana dedicata a Elton John. Adoro quella canzone, e secondo me l'abbiamo fatta proprio bene. Abbiamo anche conosciuto delle star pazzesche. I due giudici, Simon Cowell e Cheryl Cole, sono leggende assolute, e Jonathan Ross, il comico, ci faceva sempre ridere. Anche Alan Carr e Russel Brand, le guest star, erano dei tipi geniali. Non ci posso quasi credere che abbiamo conosciuto così tante delle nostre star preferite.

La finale di *X Factor* è stata davvero un concentrato di emozioni per me. Non avevamo idea se avremmo vinto, e quando siamo arrivati terzi ci sono rimasto malissimo. Appena siamo usciti dal palcoscenico mi sono messo a piangere, ma poi ho smesso, ho respirato profondamente e mi sono sentito di nuovo bene. Dopo, quando siamo stati chiamati nell'ufficio di Simon Cowell per discutere del nostro futuro, ho cercato di rimanere calmo il più possibile, ma dentro ero nel panico. Appena Simon ci ha detto che avevamo un contratto discografico, mi sono messo di nuovo a piangere e mi sono seduto pensando: "Ma perché piango? Se questa cosa va bene, mi cambierà la vita". Anche se la mia vita era già cambiata tantissimo, solo in quel momento ho capito che non dovevo tornare a fare quello che facevo prima di *X Factor*. Almeno, non per un po'.

Fin da piccolo avevo sempre desiderato far parte di una band e cantare su un palco, ma non ho mai pensato che sarebbe successo realmente. Immagina se ti dicono che puoi fare esattamente il lavoro che vuoi fare. È una di quelle cose che vorresti sempre sentire, ma poi, quando alla fine te la dicono, non sai bene come reagire.

Ancora una volta, non vedevo l'ora di dirlo alla mia famiglia – in realtà volevo gridarlo a tutti – ma naturalmente dovevo starmene zitto. Così sono tornato giù al bar dove c'era un piccolo party, e mi sa che i miei genitori hanno capito quello che era successo dalla faccia che avevo. Ci siamo abbracciati forte forte, tanto eravamo felici ed emozionati.

UN NATALE INDIMENTICABILE

Tutti noi della band non vedevamo l'ora di fare una pausa per Natale. I ragazzi mi sono mancati molto, ma allo stesso tempo è stato fantastico potersi rilassare un po' e stare con la mia famiglia. Una marea di amici voleva rivedermi, per cui sono stato molto impegnato, ma non volevo che la gente pensasse che ero cambiato e che non avevo più tempo per loro o cose del genere. A volte parlavo per un po' con i miei amici e loro mi dicevano: "È proprio strano, non sei cambiato per niente," e questo mi fa sempre sentire sollevato. Certe volte mi sforzo di non parlare troppo delle cose che ho fatto anche se si tratta del mio lavoro, perché non voglio che gli altri pensino che mi sto vantando o che me la tiro sparando nomi di personaggi famosi.

Ci starei male se qualcuno di loro pensasse che sto cercando di fare colpo. Non ce n'è bisogno: con i miei amici ci conosciamo da quando eravamo piccoli.

Mi hanno sempre sostenuto tantissimo in tutto quello che ho fatto. Certe volte, però, è stato frustrante per me, perché durante *X Factor* mi capitava di ricevere un messaggio e volevo rispondere subito, ma magari qualcuno mi trascinava via non so dove – e poi mi scordavo del messaggio e così a volte mi dimenticavo di rispondere. Però devo dire che tutti i miei amici sono stati veramente buoni e comprensivi con me quando ho cominciato a essere super impegnato. Lo sapevano che anche se non riuscivo a rispondere mi faceva piacere che mi continuassero a mandare messaggi e che mi stessero vicini. Una delle cose più belle di andare in tour era che sapevamo in anticipo dove andavamo e quando saremmo arrivati, e così gli amici potevano venire a vederci e potevamo stare insieme. Insomma, era più facile organizzare gli incontri.

Quasi tutti i miei amici sono davvero contenti di quanto mi sono andate bene le cose e mi fanno un mucchio di domande. È così che capisco chi è un vero amico e chi no. Ho scoperto che alcuni erano invidiosi e che certe persone hanno fatto dei commenti antipatici e si sono allontanate da me senza mai dirmi le cose in faccia. Ho cercato di continuare a parlare con loro come facevo prima, ma loro sono rimasti freddi. Se sei stato un grande amico di qualcuno, è dura quando comincia a comportarsi così. Non ho intenzione di correre dietro alle persone per pregarle di essere mie amiche, ma non voglio nemmeno che pensino che non me ne frega niente, perché non è vero.

TUTTI I MIEI AMICI
MI HANNO SOSTENUTO
TANTISSIMO
IN TUTTO QUELLO
CHE HO FATTO

E perciò, se qualcuno crede che sono cambiato, la realtà è che a cambiare sono stati loro.

Certe volte mi piacerebbe tornare a casa e vivere normalmente, rivedere i miei amici e andare di nuovo con loro nei soliti posti. Adoro viziare la mia famiglia e mi piacerebbe viziare ogni tanto anche i miei amici, perché so che a quelli veri questo non darebbe per nulla fastidio. Non voglio dire solo con i soldi. È bello aiutare la gente anche in altri modi. Il mio amico Ben, per esempio, che ha davvero un grande talento per la musica, voleva lavorare e fare un po' di esperienza, perciò l'ho fatto venire in tour e gli è piaciuto un sacco. Prima non avrei mai potuto fare una cosa del genere e aiuterò sempre i miei amici in tutti i modi che posso.

Faccio del mio meglio per restare con i piedi per terra e non voglio che la gente faccia per me le cose che posso fare da solo. A volte qualcuno pensa che mi deve portare una bottiglia d'acqua o preparare il pranzo, ma l'acqua posso prendermela da me, ma perché mai dovrebbero farlo gli altri? È carino che si offrano di aiutarmi e capisco che se siamo davvero iper impegnati e non facciamo in tempo a pranzare o se stiamo provando sul palco e non riusciamo a prenderci da bere, allora ci sta che uno ci porti da bere o da mangiare, ma se una bottiglia d'acqua è in un frigo a due passi da me, posso anche andare a prendermela da solo.

La mamma non mi permetterebbe mai di comportarmi così. Se sono a casa e le chiedo di portarmi un po' d'acqua, lei mi dice: "Lo sai dove sono i bicchieri, no?". Ma allo stesso tempo è strano quando adesso vado a casa perché mi sono abituato a fare un sacco di cose da solo, ma la mamma vuole lo stesso prendersi cura di me, così finisce che quando torno in famiglia mi sento ancora un bambino.

C'è un mare di gente che dice belle cose sulla band e che ci fa tantissimi complimenti. Ovviamente è una cosa bellissima e ti fa sempre sentire bene quando qualcuno ti dice che sei bravo a fare le cose che fai, ma voglio tenere i piedi per terra il più possibile. Non ho intenzione di montarmi la testa perché è veramente una brutta cosa e non voglio nemmeno immaginarmi di diventare uno così. Voglio sempre essere capace di ricordarmi chi sono e da dove vengo.

MILWAUKEE

Ho passato il Natale stando soprattutto a casa con la mia famiglia. Era quello a cui tenevo di più, oltre che vedere i miei amici, cosa che ho fatto spesso. Ero stato così impegnato che volevo solo concedermi una pausa, guardare la tv, mangiare e dormire. È stato davvero bello fare le stesse cose che facciamo in famiglia ogni anno.

Una cosa diversa è stata però il fatto che alcuni ammiratori sono venuti a casa mia durante il Natale e faceva un tale freddo che stavo male a vederli lì fuori. Quando ero a casa uscivo e cercavo di stare con loro il più possibile, ma mi angosciava il fatto che erano fuori a congelarsi per me. Noi della band abbiamo sempre detto che non ci saremmo mai lamentati se la gente viene a vederci o ci chiede autografi e foto. È per loro che facciamo tutto quello che facciamo.

Siamo incredibilmente contenti del loro sostegno ed è meraviglioso sapere che alla gente piace quello che facciamo. Ci sono giorni in cui leggo 100 fantastici commenti su Twitter e ce n'è sì e no uno scritto da qualcuno a cui non piaccio. Se per qualche motivo quel giorno sono triste, quello è l'unico commento che mi ricordo, e allora mi deprimo. Ma poi torno a leggere i messaggi carini e mi tiro su.

RITORNO AL FUTURO

L'arrivo dell'anno nuovo significava tornare al lavoro e sapevamo che sarebbe stato un anno molto impegnativo. C'era il tour che cominciava e dovevamo fare le prove e avevamo anche un'infinità di riunioni di lavoro e di concerti privati, un impegno dietro l'altro. Ma durante il Natale ci eravamo ben riposati ed eravamo pronti a ricominciare. Una delle prime cose che abbiamo fatto è stata andare a Los Angeles. Quando ci hanno detto che andavamo lì, la bocca mi si è letteralmente spalancata. Adoro viaggiare all'estero e non ero mai stato a Los Angeles, anche se avevo sempre desiderato andarci. Avevo letto e visto un sacco di cose su quella città e non vedevo l'ora di scoprire quante di quelle cose erano vere.

Los Angeles è davvero fantastica. Tutti quelli che incontri sembrano gente famosa, e come posto mi è piaciuto da morire. Faceva caldissimo e noi andavamo in giro quasi

sempre in pantaloncini e maglietta e ci siamo rilassati alla grande, perché l'albergo dove stavamo, il W Hotel, aveva la piscina.

Quello che mi è sembrato strano è quanto tutti lì siano gentili. In un hotel inglese, quando ti portano la colazione, te la mettono davanti senza dire una parola, ma a Los Angeles sono talmente simpatici che ti viene voglia di invitarli a mangiare con te. C'era questa signora che mi ha portato da mangiare, per esempio, che mi fa: "Buongiorno, signore, come sta andando la giornata? Dove vuole che le posi questa squisita colazione?" Sembrava che non potessero mai fare abbastanza per te.

Abbiamo poi registrato dei pezzi in un posto fichissimo dove si facevano tantissime cose contemporaneamente. C'era uno studio dove stavano registrando i cori per il telefilm *Glee* e a soli cento metri c'era l'ufficio di Randy Jackson, il produttore televisivo di *America's Best Dance Crew*, perciò siamo andati a conoscerlo, ed è davvero un tipo fenomenale. Gentilissimo con noi.

Ci hanno anche lasciato del tempo libero per fare shopping e io ho letteralmente assaltato i negozi di Abercrombie & Fitch. Louis dice che ho comprato tutte le magliette che c'erano, ma secondo me esagera. Però è vero che ne ho prese una montagna...

Mi sarebbe piaciuto stare di più a Los Angeles, ci siamo proprio divertiti quei cinque giorni. Era proprio come me l'aspettavo, con tanto sole e gente fichissima ed è decisamente un posto dove voglio tornare. Voglio proprio andare a Venice Beach e vedere com'è.

Eravamo abbastanza stanchi quando siamo atterrati a Londra, ma a vedere la valanga di ragazzi che c'era ad aspettarci ci siamo svegliati subito. È diventata un po' una leggenda questa storia che siamo stati aggrediti e la polizia è dovuta intervenire e tutto il resto. In vita mia non avevo mai visto nulla del genere. Eravamo già stati avvicinati altre volte da un casino di fan quando eravamo a *X Factor*, ma di solito stavano dietro ai cancelli o tra il pubblico. E quando incontriamo i fan negli hotel o ai concerti privati , in genere sono in piccoli gruppi. Insomma, questo qui non era precisamente un gruppetto!

Sono rimasto scioccato dall'esperienza di passare di corsa in mezzo a una folla, ma mi sono sforzato di prenderla bene invece di spaventarmi, perché sapevo che non era una cosa comune. Quando poi siamo entrati nella camionetta della polizia tutti abbiamo detto: "E che cavolo!". Era come se in fondo non fosse veramente successo, una cosa surreale, ma a ripensarci adesso è stato un momento pazzesco.

Quando abbiamo cominciato le prove per il tour sapevamo bene che dovevamo lavorare duro. Volevamo mettere su uno show fantastico e dovevamo imparare un'infinità di cose nuove, inclusi dei passi di danza. Ci hanno insegnato cose tipo come mettere più energia nel fare un dato movimento, che è una cosa difficile quando sei in una grande stanza vuota senza il pubblico davanti.

Abbiamo anche dovuto esercitarci a dire delle cose tra un pezzo e l'altro, e anche questo era stranissimo, perché dovevamo parlare a un pubblico di sei persone dello staff e loro neanche ci rispondevano.

Mettere in pratica tutto quello che avevamo imparato è stata una grossa soddisfazione visti gli sforzi che avevamo fatto. Non saprei nemmeno spiegare come mi sono sentito la prima volta che eravamo sul palco tutti insieme all'inizio del tour, a Birmingham. Guardavo fuori dalle quinte e vedevo tutti i fan e sentivo la gente che urlava i nostri nomi... Non c'è davvero niente di più fantastico al mondo. Avevamo già cantato durante *X Factor* e ai concerti privati, ma non era niente in confronto a questo. Sono dovuto restare un attimo fermo per realizzare quello che stava succedendo, ma poi abbiamo cominciato a cantare e allora più nulla ci poteva fermare.

Penso che quella prima performance a Birmingham sia stata diversa da qualsiasi altra cosa che avevamo già fatto per via dell'energia che ci abbiamo messo e di quanto ci siamo mossi su e giù per il palco. Ci sembrava una cosa quasi naturale stare lassù, anche se allo stesso tempo era incredibilmente e completamente surreale. C'erano dei momenti in cui ci guardavamo tra di noi e sapevo che stavamo pensando tutti la stessa cosa: "Questa è una cosa pazzesca!"

L'adrenalina che ti sale quando stai su un palco davanti a così tante persone è un'esperienza indescrivibile. Vorrei che tutti potessero provare quella sensazione. Posso anche essere stanchissimo, posso essere di cattivo umore, ma poi, quando salgo sul palco, mi sento da sballo. E quando scendo sono così su di giri che continuo a urlare e a saltare per un sacco di tempo. Non c'è nessuna sensazione al mondo come questa.

Il tour mi è piaciuto così tanto che speravo non finisse mai. Non mi è nemmeno mancata la mia famiglia perché eravamo così impegnati che non avevamo tempo per pensarci; però mi sono sentito in colpa per questo. Nel complesso ci siamo comportati molto bene durante il tour, anche se ci sono stati dei momenti un po' fuori di testa, tipo quando ci siamo tirati la frutta. Però non abbiamo mica tirato televisori dalla finestra o cose del genere... diciamo che per questo c'è ancora tempo.

Il party di fine tour è stato meraviglioso, ma eravamo tristi a dover dire addio a tutti. Io sono rimasto sveglio fino alle cinque di mattina e il giorno dopo ero un po' stanco, ma ci avevano lasciato un giorno per riposarci, perciò non me ne importava niente.

Quando il tour è finito, Louis, il suo amico Stan, io e il mio amico Johnny siamo andati a sciare. Non avevo mai sciato prima e ci volevo assolutamente provare. Ci siamo divertiti come pazzi a Courchevel, mi piacerebbe tanto tornarci.

Subito dopo abbiamo lavorato veramente duro per trovare le canzoni giuste per l'album. Dovevano essere perfette. Volevamo che il nostro primo singolo fosse una fantastica canzone estiva. Quando "I Gotta Feeling" dei Black Eyed Peas è uscito nel 2009, per esempio, è diventato subito la canzone dell'estate. Ogni volta che la gente lo sentiva si ricordava dei bei momenti che aveva passato. Volevamo che anche il nostro primo singolo fosse come quello: volevamo che diventasse una canzone che tutti avrebbero ricordato.

Quelli con cui abbiamo lavorato per fare l'album erano tipi pazzeschi. Steve Robson ha davvero del talento e ha lavorato con James Morrison, i Take That e un sacco di altra gente fortissima. Lavorare con RedOne e Rami è stata una gran ficata perché sono delle leggende. È stato proprio strano lavorare in studi di registrazione dove non pensavamo che saremmo mai entrati, prima di suonare nella band. Vi giuro, qualcosa di surreale.

Non ci potevamo credere quando il nostro primo libro era arrivato in vetta alle classifiche. Eravamo già emozionati all'idea che fosse uscito e speravamo che magari qualche fan lo comprasse, ma non avevamo assolutamente previsto che sarebbero stati così tanti. È stato uno shock totale e una cosa eccitantissima. I fan che sono venuti a farsi firmare i libri erano incredibili. Mi hanno regalato una marea di tartarughe perché una volta avevo detto che mi piacciono ed è fantastico quando la gente si ricorda anche delle più piccole cose che dici e poi ne parla con te.

Quest'anno abbiamo fatto tantissime cose pazzesche. Girare il documentario è stata un'esperienza interessante, anche se ormai siamo abituati ad avere telecamere dappertutto e perciò eravamo rilassati al massimo durante le riprese. Anche fare le sedute delle foto ufficiali è molto bello. Ne abbiamo già fatte tante, ma ogni volta è una nuova esperienza.

Quando siamo andati all'*Alan Titchmarsh Show*, una delle trasmissioni televisive più seguite qui in Inghilterra, è stato fortissimo. In più Alan, il presentatore, è proprio un tipo simpatico. Quella è stata la prima trasmissione vera e propria a cui siamo andati dopo *X Factor* e per questo non ce la dimenticheremo mai.

UNO SGUARDO AL FUTURO

Una delle cose che mi colpisce dello stare in una band è quanto ti amano i fan. Ci sono certi fan che sono venuti a un casino di tappe del tour. Alla gente però sembra strano che anche noi la possiamo riconoscere. C'era questa ragazza che un giorno era nel nostro hotel e che era già venuta anche a tante altre tappe, ed è rimasta fulminata quando ha scoperto che sapevamo il suo nome e chi era – ma noi, naturalmente, queste cose ce le ricordiamo. Ci ricordiamo le persone proprio come

SOPRA: **MENTRE FIRMO AUTOGRAFI SU UNA COPIA DEL NOSTRO PRIMO LIBRO, *FOREVER YOUNG***

ADESSO TOCCA A NOI DIMOSTRARE QUELLO CHE VALIAMO, E NON VEDIAMO L'ORA DI FARLO

farebbe chiunque altro, ed è bello avere la possibilità di conoscere meglio alcuni dei nostri fan.

Non so se mi abituerò mai all'attenzione che riceviamo dai giornalisti. È ancora stranissimo prendere in mano un giornale e leggere qualcosa che hanno scritto sul mio conto. A volte mi sembra di leggere cose che parlano di un'altra persona. Ma finché continuano a scrivere cose belle su di noi, non mi dispiace affatto.

Come band ci stiamo divertendo da matti. Siamo diventati davvero grandi amici e non me lo sarei mai immaginato: è proprio bello poter condividere quest'esperienza con quattro amici. Se uno è triste, gli altri lo tirano su, e siamo diventati davvero bravi a farci venire delle idee per le canzoni e a metterle in pratica come gruppo. Penso che col tempo diventeremo sempre più uniti.

Di tutte le cose che ci aspettano quella che ci esalta di più è partire per l'*One Direction tour*. Potremo rivedere i nostri fan e loro potranno sentirci cantare le nostre canzoni. Adesso tocca a noi dimostrare quello che valiamo, e non vediamo l'ora di farlo.

Siamo pieni di grandi sogni. Vogliamo arrivare in cima alle classifiche, viaggiare tantissimo, tornare in America e divertirci il più possibile. E non credo che sia chiedere troppo, no?

A BRUCIAPELO

DATA DI NASCITA: 1/02/1994

SEGNO ZODIACALE: Acquario

Le cose che mi piacciono di più...

FILM: *Love Actually – L'amore davvero, Le pagine della nostra vita, Titanic* – ce ne sarebbero tantissimi (ma io dico a tutti che il mio film preferito è *Fight Club*).

PARTE DEL CORPO: Le mie mani, perché mi hanno sempre detto che sono morbide

CIBO: Adoro il mais

ALBUM: *21* di Adele

AMICO: Louis Tomlinson

CELEBRITÀ FEMMINILE: La cantante Frankie Sandford

NEGOZIO: I grandi magazzini Selfridges di Londra

BEVANDA: Ho provato a bere solo acqua, ma adoro il succo di mela

COLORE: Arancione

TELEFILM: *I Griffin*

DOPOBARBA: Blue di Chanel

PROFUMO: Alien di Thierry Mugler

VIDEOGAME: *Fifa*

IPHONE APP: "Messaggi della notte scorsa", dove la gente inoltra i messaggi che gli amici gli hanno spedito quando erano ubriachi. Il mio amico Ali e io ce ne mandiamo di stupendi, ce ne sono certi divertentissimi

IL TUO MODO DI PASSARE LA DOMENICA: Dormire o riposare

IL POSTO PER UN APPUNTAMENTO: Ristorante

PAESE: Inghilterra

RISTORANTE: La catena TGI Fridays

IL TUO MODO DI RILASSARTI: Adoro farmi fare i massaggi perché ho sempre sofferto di mal di schiena

MEZZO DI TRASPORTO: Slitta trainata dai cani

SERATA: A cena fuori con gli amici

BAND: The Beatles, Queen

DI CHE COLORE È IL TUO COPRIPIUMINO? Marrone oppure rosa e azzurro

CHE TIPO DI INTIMO PORTI? Boxer. Mi piacciono quelli di Calvin Klein

IL TUO PRIMO ANIMALE DOMESTICO: Un cane di nome Max

PREFERISCI STARE DA SOLO O CON GLI ALTRI? Con gli altri. Mi piace stare con la famiglia e gli amici

L'ULTIMO LIBRO CHE HAI LETTO: *Forever Young* degli One Direction

LE ULTIME CINQUE COSE CHE TI SEI COMPRATO: Una maglietta dell'Adidas da Selfridges, un paio di scarpe da Supra, un pollo fritto da Nandos, una cena da TGI Fridays e un dentifricio

CHE TIPO DI RAGAZZE TI PIACCIONO? Non ho un tipo ideale perché può capitare che una ragazza non mi sembri attraente da subito, ma poi mi piace quando scopro che la sua personalità è attraente. Mi piacciono le ragazze con cui posso parlare e ne cercherò sempre una che vada d'accordo con i miei genitori. Per me è importantissimo che piaccia anche alla mia famiglia.

LIAM PAYNE

CONTINUA A CORRERE

Immagino che una delle cose più strane che possa dirvi di quand'ero piccolo è che ho un solo rene, perché quando sono nato ero praticamente morto. Assurdo, no? I medici non riuscivano a farmi reagire in nessun modo e allora mi hanno riportato in vita con le macchine, e anche se sembrava che stavo bene, era rimasta tutta una serie di problemi.

Sono nato prematuro di tre settimane ed ero sempre malato. Fino a quando ho avuto quattro anni mi portavano di continuo all'ospedale per fare esami su esami, ma nessuno capiva cosa c'era che non andava. Alla fine hanno scoperto che uno dei reni non funzionava bene e siccome non l'avevano scoperto in tempo era pieno di lacerazioni, e l'altro funzionava solo al 95%. Ero arrivato al punto che ogni giorno mi facevano trentadue iniezioni per cercare di farmi stare meglio. Ho ancora tutti e due i reni, ma uno non funziona, perciò devo stare attento a non bere troppo, nemmeno acqua, e devo mantenermi il più sano possibile.

La prima scuola dove sono andato si chiamava Collingwood ed era la scuola materna ed elementare di Wolverhampton, un paesino nel centro dell'Inghilterra. Io ero un ragazzino davvero scatenato e durante i primi giorni di scuola mi hanno mandato spesso dalla preside. Nei bagni schizzavo i miei compagni con l'acqua e in giardino mi arrampicavo sul tetto per andare a riprendere i palloni.

Quando a sette anni sono passato in un'altra scuola, ero cresciuto un bel po' e ho cercato di entrare in un casino di squadre, ma non mi ha mai preso nessuna. Poi un giorno ho provato con la corsa campestre, e sono arrivato primo.

Tra quelli che partecipavano alla corsa c'era un tizio, il campione di Wolverhampton, uno dei migliori corridori in circolazione: io l'ho battuto e allora tutti hanno detto che avevo barato. La settimana dopo abbiamo fatto la stessa gara e ho vinto di nuovo, così ho scoperto che ero bravo a correre. Da allora ho cominciato ad allenarmi continuamente: mi svegliavo alle sei di mattina e andavo a correre per chilometri e chilometri. A dodici anni mi hanno messo con la squadra under 18, perciò dovevo gareggiare anche con dei diciottenni ed essere sempre alla loro altezza.

Poi sono entrato nella squadra di corsa di Bilston e Wolverhampton e ci sono rimasto per cinque anni. Durante quel periodo, sono stato per tre anni di fila, nella mia fascia di età, il terzo miglior corridore di tutta l'Inghilterra sui 1500 metri, che è una cosa veramente incredibile.

Ho continuato a fare sport anche al liceo giocando nella squadra di basket, ma c'erano dei ragazzi che ce l'avevano con me perché io avevo delle tute da basket veramente fichissime che avevo comprato in America. Loro pensavano che me la tiravo e volevano picchiarmi. Io avevo solo dodici anni e quelli erano molto più grandi, così ho dovuto trovare un modo per difendermi. C'era il fidanzato di mia sorella, Martin, che faceva pugilato, e i miei mi hanno suggerito di andare in palestra con lui per imparare a difendermi.

Non è che era proprio la palestra più bella del mondo: dovevi fare a pugni con tutti, anche se erano più grandi e grossi di te. E così a dodici anni mi sono ritrovato a fare a pugni con l'allenatore, che ne aveva trentotto. Mi sono rotto il naso e lacerato anche un timpano, e tornavo sempre a casa con la faccia gonfia e piena di lividi.

 NELLA PAGINA ACCANTO: **PRECOCI ALLENAMENTI DI BOXE!**

NEI BAGNI SCHIZZAVO
I MIEI COMPAGNI CON
L'ACQUA E IN GIARDINO
MI ARRAMPICAVO
SUL TETTO

Però fare pugilato mi ha dato molta fiducia in me stesso. All'inizio mi stressavo tantissimo, ma dopo due anni di allenamento ero diventato abbastanza bravo.

Intanto a scuola quei ragazzi volevano sempre picchiarmi e un giorno mi sono addirittura corsi dietro per strada. Era troppo, e allora io li ho sfidati e ho finito per fare a botte con uno di loro. Per fortuna ho vinto io, ma mi hanno quasi cacciato da scuola per quell'episodio – il che, naturalmente, non è stata una cosa positiva.

Da piccolo ero un mini uomo d'affari. Ammiro quelli di *Dragon's Den*, il reality dove ci sono quei tizi che devono fare grossi investimenti e guadagnare milioni, e da bambino andavo a comprare grandi scatole di caramelle per poi venderle a scuola e farci dei soldi. Guadagnavo circa 50 sterline alla settimana e mio padre era super orgoglioso di me. Non ho mai lavorato veramente, perché ero sempre impegnato a cantare a festicciole e matrimoni, ed era così che tiravo su i soldi.

Da bambino cantavo sempre al karaoke. Ogni volta, in qualsiasi karaoke, mi alzavo in piedi e cantavo le canzoni di Robbie Williams. *Let Me Entertain You* l'ho interpretata per la prima volta al campeggio estivo quando avevo sei anni, e da allora non mi sono più fermato. Ho cantato al karaoke in America, in Spagna, in Portogallo... dap-per-tut-to!

Cantare e ballare mi è sempre piaciuto moltissimo. Mia sorella Ruth e io cantavamo sempre in macchina; la mamma dice che anche quando ero piccolissimo ballavo in sala da pranzo ogni volta che sentivo le canzoni dello gnomo Noddy. Certe volte mi mettevo addirittura gli occhiali di mio padre, intrecciavo le mani dietro la schiena e cantavo fingendo di essere Liam Gallagher mentre sentivamo i CD degli Oasis.

Ho due sorelle maggiori, Nicola e Ruth. Fin da piccolo sono sempre andato molto d'accordo con Ruth e un po' meno con Nicola, che era la più grande e ci doveva sempre tenere d'occhio quando i miei erano fuori: io la vedevo come una figura autoritaria e perciò a volte litigavamo. Ruth e io ci somigliamo molto: ci piace un sacco cantare, non beviamo né niente. Nicola, invece, è una che va matta per le feste.

PAGINA PRECEDENTE, A SINISTRA: **DA PICCOLO ADORAVO WOODY**
PAGINA PRECEDENTE, A DESTRA: **A CINQUE ANNI MENTRE MI RILASSO A CASA**

Quando ero al primo anno di liceo sono entrato nel coro della scuola e facevamo un bel po' di concerti davanti a tutti, cosa che, credo, mi ha fatto prendere confidenza con il pubblico. Una volta abbiamo anche stabilito un record mondiale: noi del liceo ci siamo messi insieme a tantissime altre scuole e abbiamo cantato tutti contemporaneamente la stessa canzone. Era *Lean on Me* di Bill Withers, ed è stata una storia pazzesca, perché io cantavo uno degli assolo.

A parte cantare, mi piaceva scienze e, ovviamente, educazione fisica. I miei m'avevano addirittura suggerito di fare il professore di educazione fisica, da grande. Il calcio mi piaceva molto e ci giocavo sempre a scuola durante la pausa pranzo, anche quando pioveva. Spesso andavo anche a vedere le partite del West Bromwich e mi ricordo che quando siamo stati promossi in Premier League c'è stata una grande invasione di campo a cui ho partecipato anch'io. È stato un momento indimenticabile.

A giudicare dalle foto, i miei capelli sono cambiati parecchio e alla fine sono tornati esattamente com'erano all'inizio. Quand'ero piccolo sembravano un enorme funghetto, poi mi sono rasato a strisce sia le tempie che le sopracciglia come Martin, il fidanzato pugile di mia sorella. Dopo li ho rasati tutti cortissimi e dopo ancora li ho lasciati ricrescere lunghi e adesso sono abbastanza simili a come li avevo da piccolo. Penso spesso di rasarmeli di nuovo, perché sarebbero più semplici da gestire, ma ho un po' paura di farlo.

Anche per quanto riguarda l'abbigliamento ho fatto degli errori. Per tantissimo tempo ho portato una maglietta sportiva arancione marca Umbro e dei pantaloncini speciali che mi piacevano da morire. Non m'interessavo granché alla moda, perciò quando sono andato al mio primo provino per *X Factor* non avevo assolutamente niente di carino da mettermi. Avevo delle scarpe vecchie, una con un buco sotto la suola, poi mi sono fatto prestare un paio di jeans Armani da Martin. Lui è una taglia 34 e io una 28, perciò mi sono dovuto stringere tantissimo la cintura. Sopra mi sono messo una t-shirt larga e ho comprato un gilet da 40 euro, che è poi l'unica cosa per cui ho speso dei soldi. Quando ci ripenso, non ci posso ancora credere che mi sia andata bene: ho passato tre eliminatorie di *X Factor* con un buco nelle scarpe!

HO SEMPRE PREFERITO STARE CON UNA FIDANZATA CHE VEDERE GENTE

Nonostante i miei capelli assurdi me la sono sempre cavata bene con le ragazze. In prima elementare c'era una bambina, Charnelle, che mi mandava lettere d'amore. Ero anche molto fiero di me in quarta elementare, perché stavo con una di prima media. Era un'amica delle mie sorelle e mi sentivo un fico a stare con una più grande di me.

Mi piaceva da impazzire anche una certa Emily, ventidue volte le ho chiesto di uscire con me, ma mi ha sempre risposto di no. Alla fine le ho cantato una canzone e allora lei ha accettato di uscire con me, ma mi ha lasciato il giorno dopo. I miei amici si divertivano a farmi degli scherzi e dirmi che piacevo ad alcune ragazze quando in realtà non era vero, così io andavo da una a chiederle di uscire e quella mi diceva di no. Era una cosa mortificante.

Ho anche avuto qualche brutta esperienza: alcune ragazze mi hanno tradito, e una mi è servita come ispirazione quando al provino per *X Factor* ho cantato *Cry Me a River* [Puoi piangere quanto vuoi], che parla di un uomo tradito che respinge la sua donna quando lei torna da lui piangendo. Quella canzone è stata la mia vendetta perché lei mi aveva tradito.

Ho sempre preferito stare con una fidanzata che vedere gente. Penso che sia bello avere qualcuno di speciale nella vita. Durante le riprese di *X Factor* stavo con una tipa che si chiama Shannon. Siamo stati insieme per un po' di tempo, ma poi siamo dovuti restare separati per mesi e questo ha messo a dura prova la nostra relazione e alla fine ci siamo lasciati. Ci sentiamo ancora, ma insomma... è andata così.

A 14 anni ho fatto il mio primo provino per *X Factor*. Mi ero stufato di correre, e anche se mi avevano scelto come riserva per le Olimpiadi del 2012 avevo voglia di trovare qualcos'altro da fare, a parte correre. Quando ho detto ai miei amici che sarei andato a fare il provino abbiamo quasi litigato, perché a loro sembrava una cosa ridicola, però alla fine mi hanno anche incoraggiato.

L'unica cosa che volevo veramente fare era vedere Simon Cowell: ho aspettato in fila per nove ore per avere questa opportunità, ma ne è valsa davvero la pena. Mi sentivo abbastanza adulto a quell'epoca e pensavo che ce l'avrei fatta a gestire qualsiasi cosa mi avessero fatto fare nel talent show. Ma a ripensarci a due anni di distanza, dopo aver vissuto tutta l'avventura di *X Factor*, non ce l'avrei assolutamente mai fatta. Nemmeno di striscio.

È stato terribile essere rifiutato dai giudici, ma se mi avessero fatto entrare nella casa dei concorrenti mi sarei totalmente impanicato. Quell'anno a *X Factor* c'erano i JLS e Alexandra Burke e io sarei stato rispedito subito a casa.

Dopo quell'esperienza è stato un casino tornare a scuola, perché avevo provato per la prima volta l'emozione di stare su un grande palco e tutto quello che volevo fare da quel momento in poi era la pop star. A essere sinceri, ho cominciato ad andare male a scuola e mi ricordo che il vicepreside è venuto a parlarmi dei miei voti e di tutto il resto. Mi ricordo che ha detto: "I tuoi voti sono pessimi. E se poi crescendo ti si rovina la voce e non puoi più cantare? Cosa farai allora? Non sarai capace di fare niente".

Quelle parole mi hanno fulminato e così mi sono messo a lavorare duro, e alla fine ho preso ottimi voti in ginnastica e voti così così nelle altre materie. La scuola voleva farmi fare i due anni di specializzazione per poter andare all'università, ma io sono andato al conservatorio. Almeno lì alla fine ho preso dei voti decenti.

Allontanarmi un po' da casa e cantare alle feste private dopo il fiasco a *X Factor* è stata la cosa migliore che potessi fare. Ho lavorato con produttori discografici e autori di testi ma non ho mai firmato nessun contratto, nel caso volessi provare di nuovo per *X Factor*. Se non ce l'avessi fatta, sarei andato a fare esperienza lavorando con mio padre, cosa che mi sembrava anche abbastanza fica, ma in realtà volevo riuscire a sfondare a tutti i costi come cantante.

Mio padre lavora in una fabbrica che costruisce aeroplani e mi immaginavo che lì avrei giocato con dei Lego giganti, o roba simile, ma in realtà è un lavoro durissimo. L'altro piano che avevo per il futuro era di fare il pompiere. Ma poi, a 16 anni, ho deciso di rifare il provino per *X Factor*.

 NELLA PAGINA ACCANTO: **VESTITO DI TUTTO PUNTO PER ANDARE IN GO-KART**

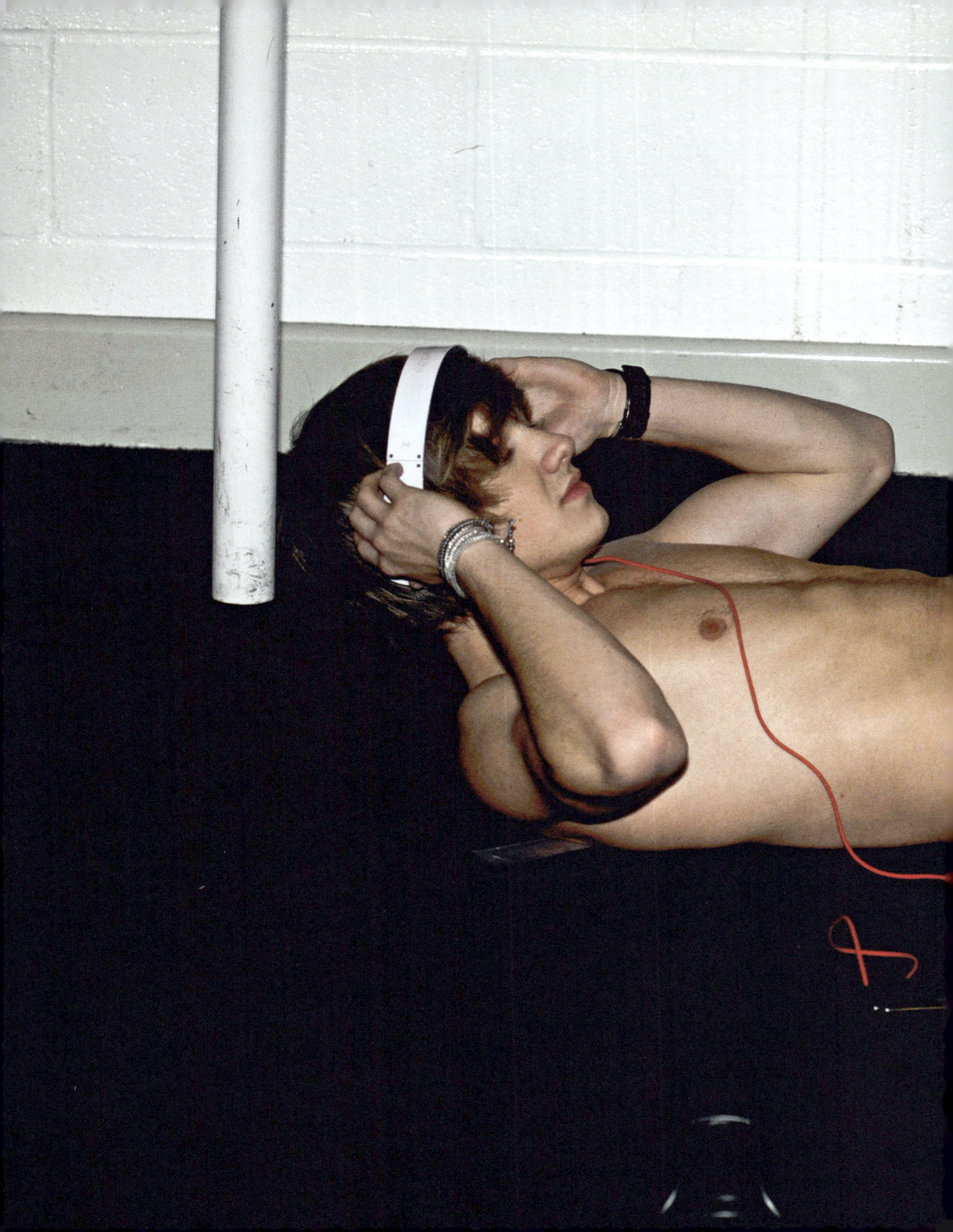

UN PASSO AVANTI

Andare a rifare quel provino è stato stressantissimo perché a quel punto era una cosa che volevo da morire. Alcuni dei miei amici e dei miei familiari erano addirittura preoccupati che ci tornassi e che mi segassero un'altra volta, ma io sapevo che dovevo provarci – e poi andasse come andasse. Volevo disperatamente sentire un sì da Simon e dimostrargli quanto ero cresciuto dall'ultima volta che mi aveva visto. Ero migliorato tantissimo da quando ero andato lì due anni prima.

La seconda volta ho passato l'audizione ma non sono stato selezionato come solista per andare alla casa dei giudici e la cosa mi ha devastato. Ho davvero pensato che per me era finita, ero sconvolto. Avere una seconda possibilità come membro di una band mi ha lasciato letteralmente senza parole. Io ero l'unico dei ragazzi che doveva pensare seriamente se fosse una buona idea entrare in una band. Avevo cantato da solista per così tanto tempo che non riuscivo a immaginarmi come sarebbe stato cambiare, ma appena ho deciso di buttarmi ho capito subito che era stata la scelta giusta.

Ero molto nervoso all'idea di andare a casa del patrigno di Harry perché, ovviamente, noi ragazzi non ci conoscevamo per niente e perciò il fatto che ci avevano catapultati così in fretta a vivere insieme e a fare amicizia mi faceva un po' paura. Siamo anche tanto diversi l'uno dall'altro, e a volte abbiamo litigato. Io ho sempre avuto diversi amici a scuola, ma nessuno di loro è proprio un tipo aperto, mentre Louis è così estroverso che all'inizio non mi veniva davvero di fidarmi di lui. Louis ha una grandissima influenza sulla band perché è il più vecchio e ha un po' la mente del capo. È lui che gestisce le email e le telefonate dei nostri manager. Io mi esprimo di più con la creatività, perciò, in fondo, abbiamo due modi differenti di fare i leader e questo mi ha impedito di fare velocemente amicizia con lui come ho fatto invece con gli altri. Adesso però siamo amici per la pelle. Appena ci siamo parlati onestamente abbiamo legato subito, e abbiamo finito per diventare ottimi compagni.

Ci siamo divertiti tantissimo quella settimana a casa di Harry. Stavamo in un bungalow e passavamo il tempo in piscina o davanti alla tv. Continuavamo a ripeterci che in

realtà ci stavamo esercitando, ma la verità è che non sapevamo bene quello che facevamo. Ci mettevamo a cantare tutti insieme delle cose che ci sembravano delle armonie e provavamo diverse canzoni, ma la verità è che quella settimana è servita più che altro ad abituarci a stare insieme.

Siamo cambiati moltissimo in quel periodo. In un certo senso stiamo crescendo giorno dopo giorno uno accanto all'altro e siccome io passo molto tempo con Niall mi capita ultimamente di parlare con l'accento irlandese senza neanche accorgermene!

Andare nelle case dei giudici in Spagna è stato per noi un altro momento importante perché ci ha permesso di conoscerci ancora meglio. Siamo andati in Spagna con l'idea di impegnarci al massimo e di lavorare duro per farcela. A ripensarci adesso, quella settimana è passata davvero in fretta e sono successe talmente tante cose che non mi ricordo nemmeno tutto quello che abbiamo fatto – ma mi ricordo che quando sono tornato a casa mi sentivo al settimo cielo.

Dopo la Spagna, prima di entrare nella casa di *X Factor*, ci hanno fatti tornare a casa per pochissimo tempo, e quando è stato il momento di partire mi ricordo che mio padre mi ha guardato e mi ha detto: "Qualsiasi cosa succeda, non tornare prima di Natale". Voleva assolutamente che arrivassimo fino in fondo.

È stato davvero strano fare le valigie e lasciare casa mia sapendo che potevo anche stare via per mesi. Per di più molti altri cantanti di *X Factor* erano praticamente degli sconosciuti per me, il che voleva dire che avrei lavorato e vissuto a stretto contatto con gente mai vista.

Anche dividere la stanza con gli altri ragazzi della band è stato un po' uno shock. Era piccolissima e in più stavamo insieme tutto il giorno. Ognuno di noi ha trovato però il modo di ritagliarsi un po' di tempo per stare da solo, il che è stato fondamentale. Io di solito la sera me ne andavo dritto a letto, mentre gli altri restavano alzati fino a tardi e dovevo sgridarli perché mi svegliavano continuamente. Devo però ammettere che non ho mai visto quattro ragazzi lavorare più duro di loro. Non c'era niente che ci rifiutavamo di fare. Non abbiamo mai detto di no ogni volta che ci hanno chiesto

NON HO MAI VISTO
QUATTRO RAGAZZI
LAVORARE PIÙ DURO
DI LORO

3
It is forbidden
to jump from one
carpet to another
No Somersaults
NO. 1
RIDE

VOLEVAMO PIÙ
DI OGNI ALTRA COSA
RESTARE UNITI
COME BAND

se potevano farci delle riprese o intervistarci o qualsiasi altra cosa, perché eravamo davvero determinati.

È stato divertente dividere la casa con altra gente ma, come ho già detto, erano degli estranei, e perciò c'era da conoscere continuamente miriadi di persone. A parte i ragazzi della band andavo molto d'accordo con Rebecca Ferguson e Matt Cardle, e siamo ancora molto amici.

Ma non c'è nemmeno bisogno di dirlo: per me il top a *X Factor* è stato conoscere Robbie Williams. Lui è stato una delle spinte fondamentali per farmi diventare un cantante e perciò anche solo il fatto di farmi una foto con lui è stato incredibile. L'ho ringraziato e gli ho detto che se non fosse stato per lui, probabilmente non avrei mai fatto il provino; lui mi è sembrato molto lusingato di questo e mi è anche sembrata una persona umile. Mi ha confessato che non sa mai cosa rispondere quando la gente gli dice che lo ammira, perché in realtà fa solo quello che gli piace fare, e però, allo stesso tempo, è stato importante per lui sentirsi dire quelle cose da me. Ci ha dato degli ottimi consigli su come fare per restare con i piedi per terra e tutto quello che ha detto ci è sembrato giustissimo.

Anche conoscere Michael Bublé è stato esaltante. È un tipo simpaticissimo, uno che sa metterti a tuo agio. Ci è preso un colpo quando abbiamo scoperto che sapeva chi eravamo: immaginatevi di venire a sapere che Michael Bublé vi ha guardati in tv!

Entrare in finale è stata un'esperienza incredibile ma, naturalmente, ci è presa malissimo quando non abbiamo vinto. Eravamo comunque molto soddisfatti di come avevamo cantato *Torn*, perciò potevamo dire almeno di aver dato il massimo.

Eravamo lì sul palco con Matt Cardle e Rebecca Ferguson e il presentatore ha detto subito che Matt era arrivato primo. Poi ha detto che Rebecca era arrivata seconda e noi ci siamo sentiti sprofondare. Non eravamo abituati a una cosa del genere perché quando arrivavano i voti noi vincevamo sempre. Quando ho rivisto la puntata in tv mi è sembrato che il presentatore ci mettesse un secolo a dire il nome di Rebecca, mentre quando ero lì mi era sembrata una cosa velocissima.

IL CORAGGIO DI SOGNARE

Appena il presentatore ha fatto il nome di Rebecca, le telecamere hanno ripreso le nostre facce sconvolte e i nostri fan nel panico. Non è che avevamo creduto a tutti quelli che ci avevano detto che avremmo vinto, ma insomma, ci speravamo.

Mentre eravamo sul palco a guardare che mandavano i nostri pezzi migliori, io sorridevo lo stesso anche se sapevo che non avevamo vinto. Ci eravamo divertiti davvero un sacco e in fondo sentivo che avremmo continuato a divertirci anche in futuro. Tutti gli altri della band erano giù da morire, mentre io me lo sentivo che sarebbe andato tutto bene.

Guardando il video delle cose che avevamo fatto in quelle settimane, ho realizzato quanto eravamo migliorati e quanto eravamo stati bravi a superare le difficoltà. Ci avevano messi insieme così, da un giorno all'altro, e noi avevamo lavorato sodo e ce l'avevamo fatta grazie a tutti i nostri sforzi. È per questo che, anche se non avevamo vinto, ero molto orgoglioso di noi e sapevo che eravamo capaci di fare ancora di più.

Continuavo a pensare ai giorni in cui stavamo nel bungalow del padre di Harry all'inizio di *X Factor*, e mi sembrava aver fatto passi da gigante per riuscire ad arrivare sul palco della finale. Non ci aspettavamo di passare neppure la prima fase, quella nelle case dei giudici, perciò essere arrivati fin lì era comunque una cosa straordinaria. Vabbe', mi dispiaceva un casino che avevamo perso, ma ero anche strafelice pensando a quanto eravamo stati bravi.

Quando siamo andati dietro le quinte molti di noi si sono messi a piangere. Due anni prima avevo pianto quando non ero passato ai provini, ma la sera della finale non ho veramente pianto. Mi sa che non lo sapevo bene neanch'io come dovevo sentirmi. Avevo fatto il concorrente di un talent show per dieci settimane, avevo cantato di fronte a 20 milioni di persone e questo era esattamente quello che avevo sempre voluto fare. Mi sentivo bene, in fondo, perché almeno avevo avuto la possibilità di farlo. Naturalmente, però, mi chiedevo se ci avrebbero fatto un contratto discografico o se invece sarebbe finito tutto lì. Continuavo a pensare a tutti quelli che non avevano vinto nella storia di *X Factor* e che se l'erano cavata benissimo. Diana Vickers, per dire, era arrivata quarta – e guarda dov'è adesso!

LA

È stata dura, ma ci siamo fatti forza e abbiamo aspettato di vedere quello che sarebbe successo. Ci hanno detto di andare nella stanza di Simon Cowell e sapevamo che stavamo per scoprire se voleva continuare a lavorare con noi o no. L'atmosfera era tesa da morire e noi ragazzi continuavamo a scambiarci occhiate nervose. Volevamo più di ogni altra cosa restare uniti come band e poi andare in tour e incidere un disco, e Simon, ovviamente, ci ha fatto aspettare un po' prima di dirci qual era la sua decisione.

È stato un po' come quando eravamo nella casa dei giudici all'inizio della trasmissione, perché Simon continuava a dirci quanto gli piacevamo senza darci una risposta definitiva. Alla fine ci ha detto che ci aveva preparato un contratto, e noi eravamo totalmente sconvolti. Me lo immaginavo anche che poteva darci qualche buona notizia, ma finché non l'ho sentita da lui non potevo esserne sicuro e non volevo crederci.

Poi siamo tornati dietro le quinte e ci hanno detto che potevamo farlo sapere alle nostre famiglie, ma solo a loro. Non doveva saperlo nessun altro, però, e invece – non c'è neanche bisogno di dirlo – la notizia è arrivata subito alla stampa. Per tutta la notte ho vissuto emozioni di ogni genere. C'era poi il fatto che la mattina dopo dovevamo andarcene dalla casa di *X Factor*, il che sarebbe stato un altro grande cambiamento per noi. Avevamo passato gli ultimi mesi vivendo appiccicati, e adesso ognuno sarebbe vissuto nella sua camera. Naturalmente eravamo contenti di riavere uno spazio soltanto per noi, ma sono sicuro che anche al resto della band sarebbe in qualche modo mancata la vita insieme.

Dalla casa ci siamo trasferiti in un hotel nel centro di Londra e quella sera abbiamo partecipato alla festa per la fine di *X Factor*, che è stata davvero una bomba. È stato bello ritrovare gli altri e chiacchierare di tutte le cose che erano successe nella casa. Il giorno dopo ci dovevamo svegliare prestissimo per lavorare, perciò non abbiamo fatto troppo casino e anzi, probabilmente siamo stati tra quelli che si sono comportati meglio.

Per un sacco di giorni abbiamo avuto una riunione dietro l'altra con i manager della band e abbiamo anche fatto concerti privati, e anche se era strano vivere al di fuori del mondo di *X Factor*, era fantastico fare nuove esperienze. La reazione della gente nelle discoteche dove andavamo era allucinante: ci sentivamo sempre più come una vera band e andavamo a fare dei veri concerti con una precisa scaletta di canzoni. Avremmo potuto andare avanti così per settimane ma poi, quando è arrivato il Natale, eravamo abbastanza devastati dalle esperienze dei mesi trascorsi e sentivamo il bisogno di riposarci.

BUON NATALE A TUTTI

È stato bello tornare a casa per le feste. Mi sono rilassato alla grande e non mi sono mai sentito così vicino ai miei come in quei giorni. Si capiva che erano fieri di me, e penso che stare insieme sia stata una cosa davvero speciale proprio perché ero stato via così tanto tempo.

Secondo me gli altri ragazzi della band stavano passando un Natale uguale al mio. Avevamo vissuto uno accanto all'altro per talmente tanto tempo che adesso avevamo bisogno di restare un po' per conto nostro, e questo ci ha fatto sentire la mancanza l'uno dell'altro e apprezzare le cose che avevamo fatto insieme. Ci siamo mandati dei messaggi, ma senza starci troppo addosso, e così, quando ci siamo rivisti dopo Natale, eravamo davvero contenti di tornare insieme.

Mi sentivo strano a stare a casa senza avere una marea di cose da fare. Mi ero così abituato a essere impegnato tutto il giorno che quando mi sono seduto a rilassarmi davanti alla tv mi sono sentito un alieno. Io e mia sorella Ruth siamo andati spesso al cinema o al bowling perché avevo bisogno di tenermi sempre occupato. Non ce la facevo a star seduto a non far niente.

Il giorno di Natale è stato bellissimo e ho ricevuto regali favolosi. Di solito sto attento ai soldi, per via del mio lato da uomo d'affari, ma questa volta mi sono scatenato – e poi era la prima volta che me lo potevo permettere. Ho comprato quattro iPad, un computer portatile, un cellulare per il compleanno di mia mamma e un casino di braccialetti dell'amicizia della Links of London. Ho portato tutta la famiglia fuori a cena e ho ordinato le cose migliori, è stato bellissimo. Ai miei amici ho comprato un sacco di scarpe da ginnastica. A volte mi dimentico di fare attenzione ai soldi perché se vedo una cosa che mi piace mi verrebbe da comprarla subito, ma poi dentro di me il mio lato-uomo d'affari mi dice di pensarci su.

La mia famiglia e i miei amici non si sono comportati diversamente con me dopo *X Factor*, anche se forse i miei genitori mi hanno trattato un po' più da adulto. Secondo me è stato difficile soprattutto per la mamma, perché sono sempre stato il piccolo di casa e sapeva che dopo Capodanno sarei andato a vivere per conto mio. Adesso non ha più nessuno di cui prendersi cura e perciò le piace ancora lavarmi i vestiti e insiste persino per farmi la valigia. Però i vestiti me li stiro da solo.

E SI RICOMINCIA

È stata una strana esperienza mettersi a pensare a quanto fosse cambiata la mia vita in pochi mesi. Come tutti già sapranno, sono un mega fan di Leona Lewis. Mi piace da impazzire e penso che sia una tipa incredibile. Poco tempo fa mi ha aggiunto su Twitter e mi ha detto che non vede l'ora di conoscermi. Fantastico! La mia vita ora si muove a mille all'ora e io cerco di godermi quello che mi capita, perciò a volte devo fermarmi un attimo per rendermi conto di tutte le cose che mi succedono.

Subito dopo Capodanno siamo tornati a fare concerti nei locali e abbiamo anche cantato in un paio di feste private. Poi ci hanno detto che saremmo andati a Los Angeles per incontrare delle persone e per registrare dei pezzi: non riuscivamo a crederci. Mio papà mi aveva sempre detto che se per caso fossimo andati a LA, voleva essere il primo a saperlo.

Eravamo a cena a casa del nostro manager, Richard Griffith, e avevamo lasciato i cellulari in macchina, per sembrare più professionali, ma quando ci siamo seduti a mangiare e Richard ci ha detto di Los Angeles, ho istintivamente messo la mano in tasca per mandare un messaggio a mio padre. Allora ho visto mentalmente il cellulare sul sedile, che odio! Non vedevo l'ora di parlargli. Quando gliel'ho detto era strafelice.

music

Non ero mai stato a Los Angeles ed ero davvero curioso di vedere com'era – è così incredibilmente diversa dall'Inghilterra! Adesso capisco perché tutte le star vanno lì a registrare: è un posto perfetto, con tutti quei palazzoni spettacolari e tutto quel sole. Abbiamo incontrato Randy Jackson, un tipo fenomenale, e Brian McFadden dei Westlife è venuto apposta per salutarci. Anche Leona Lewis doveva venire a salutarci, ma purtroppo non ha avuto tempo.

Stavamo in un hotel gigantesco che si chiama W e ogni mattina, appena svegli, ce ne andavamo in piscina. Anche se eravamo a Los Angeles per lavorare non avevamo orari fissi, perciò sembrava spesso di stare in vacanza. Siamo andati a fare shopping e io ho comprato un mucchio di scarpe da ginnastica. Nessuno però ha speso quanto Louis – per lui lo shopping è una droga. Zayn e io abbiamo quasi perso l'aereo, perché ci avevano portato a fare shopping ma abbiamo incontrato un casino di traffico. Eravamo in preda al panico e ci siamo messi a correre come dei pazzi, ma alla fine ce l'abbiamo fatta, appena in tempo.

Quando eravamo a LA siamo usciti a cena con un produttore incredibile che si chiama Max Martin; abbiamo anche registrato negli studi di RedOne, quello che ha prodotto Lady Gaga. Mi ricordo che pensavo: "Cacchio, siamo proprio arrivati!"

La cosa più pazzesca che ci è successa è stato quando abbiamo trovato tutti quei fan all'aeroporto. Non ce l'aspettavamo proprio. Avevano visto su YouTube tutto quello che avevamo fatto ed erano venuti a incontrarci con uno striscione enorme e tutto il resto.

Il ritorno a casa è stata l'avventura più assurda della mia vita. A Heathrow si può uscire solo da una parte ed è lì che tutte le star vengono incastrate dai fan. Si vedeva letteralmente un muro di ragazzi che stava lì ad aspettarci, era quasi impossibile passare dall'uscita principale e poi andare di corsa verso una porta secondaria senza avere qualcuno a proteggerci. In tutto quel casino qualcuno mi ha colpito in faccia per sbaglio e hanno strappato i vestiti a qualcuno di noi.

Appena è arrivata la camionetta anti-sommossa della polizia, siamo usciti dal gabbiotto all'entrata del parcheggio dove ci eravamo nascosti e ci siamo messi a correre.

NELLA PAGINA ACCANTO: **NELLO STUDIO DI REGISTRAZIONE**

LA COSA
PIÙ FANTASTICA
DEL TOUR È CHE SIAMO
RIUSCITI A VEDERE
UN CASINO DI FAN

Abbiamo cercato di entrare di corsa dal retro della camionetta, ma uno dei fan si era aggrappato al cappuccio della mia felpa e così mi sono schiantato contro una portiera. Alla fine uno della polizia è riuscito ad afferrarmi e a tirarmi dentro. Siamo partiti in quarta, con le luci lampeggianti e le sirene a palla – insomma, è stato tutto piuttosto drammatico. All'epoca non avevamo ancora lanciato il nostro primo singolo, perciò ci sembrava una cosa allucinante.

La cosa più fantastica del tour è che siamo riusciti a vedere un casino di fan, e per me è stato stupendo. Tutti sono incredibilmente carini e amichevoli con noi. A volte quelli della sicurezza ci tengono lontani da loro, mentre a noi piacerebbe stare sempre in mezzo ai fan per conoscerli meglio. Quando facciamo un concerto in un palazzetto e vediamo che c'è la fila al cancello, vorremmo sempre andare a salutarli, ma qualche volta quelli della sicurezza non pensano che sia una buona idea e allora non possiamo andarci, ed è un vero peccato.

I nostri fan sono il massimo. Forse lo pensano tutte le band ma, tanto per fare un esempio, Louis l'altro giorno ha scritto su Twitter che voleva dei cereali Curiously Cinnamon – e qualcuno glieli ha portati in albergo! Pazzesco! A volte ti puoi stranire un po' a svegliarti alle sette di mattina con i fan che gridano, ma a noi piace un sacco.

Non ci sono solo le ragazze, ma anche i ragazzi che sono gentili con noi. L'altro giorno ero in un fast food e due tipi mi si sono avvicinati per parlarmi della band e mi hanno detto che ci seguono sempre. È bruttissimo quando la gente non ci sostiene perché, in fin dei conti, siamo solo dei ragazzi semplici e simpatici, venuti su dal nulla, facendo una fatica pazzesca per arrivare dove sono arrivati. Se quella gente fosse al posto nostro la penserebbe esattamente così.

La cosa strana di essere famosi è che non esiste un momento vero e proprio in cui ti fermi e pensi: "Ok, adesso sono famoso". Passi dei momenti bellissimi sul palco o nello studio di registrazione, ma non ti accorgi mai veramente di essere famoso. Mi ricordo di una volta, a Birmingham, quando le luci erano puntate sul pubblico e io mi guardavo intorno pensando: "Questo è davvero il mio lavoro. Non m'importa quanto sarà difficile, non smetterò mai di farlo". A volte mi metto a sorridere senza motivo anche quando sono nello studio di registrazione, solo perché sono felice di stare lì.

Abbiamo fatto le prove per il tour in un posto che si chiama Light Structures. Un bel casino perché dovevamo imparare i passi di danza e tutto il resto. Da piccolo avevo fatto un po' di ballo, ma c'erano da imparare tantissime cose nuove. Ci hanno anche detto di camminare "più sexy" e all'inizio è stato imbarazzante per tutti.

Zayn è diventato bravissimo a ballare e adesso balla continuamente. È molto più sicuro di sé, ma noi siamo cinque ragazzi e i ragazzi di solito non ballano poi così tanto, perciò abbiamo stabilito di non sfotterci troppo tra noi quando proviamo passi nuovi. Siamo disposti a fare tutto e penso che questo sia l'atteggiamento giusto per stare nello spettacolo. In più, essendo in cinque, tra di noi c'è sempre un po' di competizione – anche quando stiamo giocando a Pokemon, cosa che tra l'altro facciamo spessissimo. Ma secondo me questa è una cosa buona, perché vuol dire che siamo tutti determinati a dare il massimo.

Il tour è cominciato a Birmingham, ed è stata una cosa fantastica anche perché è vicino a casa mia. La prima sera è stata fenomenale e ci ha lasciati a bocca aperta. Quando facevamo le prove e uscivamo dal *man lift* – cioè dalla piattaforma che ti fa salire da sotto il palco –, ovviamente nello studio non c'era il pubblico e quindi niente ci avrebbe potuti preparare a quello che è successo quella prima sera. Aspettavamo di salire sul palco e avevamo messo l'auricolare, perciò sentivamo il pubblico che gridava, ma comunque non tanto forte. Non ci aspettavamo niente di megagalattico, ma quando siamo usciti dal *man lift* abbiamo visto tutti gli striscioni e le magliette con la scritta *One Direction* e la gente che urlava. Quando guardi verso il pubblico e qualcuno ha uno striscione col tuo nome sopra, lì per lì non ti rendi conto che quello è veramente il tuo nome. Non so come si sia sentito Harry, perché c'era una quantità incredibile di ragazze che avevano le magliette con la scritta "I Love Harry Styles". Lo amano davvero.

Non seguivamo nessun particolare rituale prima di salire sul palco; di solito facevamo solo casino dietro le quinte. Quando eravamo a *X Factor*, ci stringevamo in cerchio come una squadra di calcio e parlavamo per un po' tra noi appena prima di andare in scena, ma allora eravamo più rilassati perché avevamo un'idea più chiara di quello che ogni sera dovevamo fare.

Dividevamo la stanza con gli altri cantanti e facevamo casino anche quando eravamo insieme a quelli che non erano della band. A tutti quelli che ci stanno intorno prima o poi viene da fare lo scemo e mi sa che è per colpa nostra, è una nostra specialità. È difficile che qualcuno ci sgridi per questo, perché anche chi dovrebbe controllarci se la spassa stando con noi.

L'unica volta che se la sono presa è stato quando ci siamo tirati la frutta. Louis è uno che fa tutto quello che gli salta in testa e una sera ha cominciato a tirarci addosso la frutta; allora tutti si sono uniti a lui, perciò da un momento all'altro ci siamo ritrovati a tirare frutta contro i muri.

Tra di noi facciamo certi scherzi veramente scemi. Un paio di volte, prima di salire sul palco, Louis e Zayn hanno fatto a gara a chi dava il pugno più forte sul braccio dell'altro. Facevamo anche dei giochi di parole e ci sfidavamo a dire delle cose a caso mentre eravamo sul palco. Una sera ho dovuto dire "Rodney" e "Del Boy" proprio in mezzo a una canzone. Un altro di noi doveva dire "mietitrebbiatrice", e "Ian Beale", che è il personaggio del telefilm *EastEnders*, è entrato nella registrazione di una delle nostre canzoni. Qualche volta Louis ha anche fatto la ruota quando eravamo in scena. Durante il tour ci siamo proprio sfogati a fare tutto quello che ci andava.

Io avevo l'abitudine di prepararmi i vestiti in anticipo per essere pronto a salire sul palco in qualsiasi momento. Lo facevo perché prima di *X Factor*, quando andavo a fare i miei concerti alle feste, mio padre mi ripeteva continuamente che dovevo essere sempre molto professionale. Faccio ancora oggi così, perciò si può dire che, anche se ci siamo divertiti da pazzi, abbiamo anche preso le cose sul serio.

Mentre eravamo in tour siamo stati a tantissimi party, ma io sono una persona abbastanza tranquilla e così, quando gli altri dopo il concerto andavano al bar, io andavo in camera per starmene un po' per conto mio. Ho moltissimi obiettivi da

raggiungere nella vita, e bere non mi interessa per niente. Ogni tanto sono andato anch'io al bar e ho chiacchierato con la gente, ma la vita in tour è incasinata e ogni sera cantavamo di fronte a circa 9.000 persone, perciò era importante per me avere del tempo per starmene da solo. Dopo tutto il rumore che sentiamo in concerto, però, il silenzio diventa stranissimo, quasi spaventoso. È una cosa a cui ti devi abituare. E adesso, quando sto per conto mio, mi sento molto più solo di prima.

Quando vivevo a Wolverhampton non c'era un granché da fare la sera, e l'unica volta che sono veramente uscito è stato quando sono andato al pub The Great Western con mio padre. Mi annoiavo però a starmene in disparte senza far niente, e sono ancora oggi così. Preferisco andare da qualche parte a riflettere o andare in palestra più che stare in mezzo alla gente in un bar. Fare ginnastica è una cosa importantissima per me, anche perché mi toglie lo stress.

Mi hanno già definito il papà del gruppo, perché sono quello che non beve. Siccome ho un solo rene devo stare attento a cose tipo il sale, le proteine e l'alcol, e mi sa che è per questo che gli altri mi vedono come quello tranquillo. Penso che non mi metterò a bere nemmeno quando avrò l'età legale per farlo. Voglio, invece, imparare a guidare, così posso portare in giro gli altri della band e non fargli correre rischi quando usciamo.

UN FUTURO FANTASTICO

Mentre eravamo in tour abbiamo cominciato a scrivere le canzoni, ma era difficile perché non avevo una chitarra. Durante le settimane di *X Factor* l'avevo fatta firmare dagli altri concorrenti e poi l'avevo regalata a un mio amico, e non ero ancora riuscito a prenderne un'altra. Proponevamo di continuo nuove idee per le canzoni perché volevamo partecipare alle varie fasi del processo. Volevamo sentire di averle fatte noi, le cose, volevamo che fossero completamente nostre. Non ci va di essere una di quelle band che cantano le parole degli altri e basta.

Non ci pareva vero quando ci hanno detto che potevamo raccontare la nostra storia

in un libro e ci siamo divertiti un mondo a lavorarci su. Sembrava che fosse passato appena un attimo dalla pubblicazione del nostro primo libro a quando ci hanno detto che era arrivato al numero uno delle classifiche, cosa da non crederci. Ed è stato solo quando siamo andati a firmare le copie nelle librerie e abbiamo visto quanta gente lo aveva comprato che ci è cominciata a sembrare una cosa vera. Molti fan sono venuti vestiti con delle magliette fichissime ed è stata un'esperienza fantastica incontrarne così tanti.

Di noi cinque io sono chiaramente il più imbranato, ne combino una dietro l'altra. Un giorno, mentre stavo firmando le copie del libro, ho bevuto una Coca troppo in fretta e quella ha fatto un sacco di bolle e mi si è rovesciata sui vestiti. Un'altra volta sono inciampato davanti a tutti mentre salivo sul palco. Sono davvero un pericolo pubblico.

Durante il tour avevo sempre problemi con i pantaloni! Quando facciamo *Forever Young* dobbiamo scatenarci parecchio e i pantaloni mi si strappavano sempre. Una volta si sono strappati di brutto – dalla vita fino giù alla gamba. Un'altra volta aspettavamo di salire per cantare *My Life Would Suck* e Louis mi ha spinto per scherzo. Naturalmente, i pantaloni mi si sono strappati di nuovo fino alla gamba, e ho dovuto cantare due canzoni con i pantaloni che mi si aprivano, perché lo strappo era enorme. Non aveva senso cercare di nasconderlo, così ci ho scherzato su con il pubblico e tutti sono scoppiati a ridere.

Il party di fine tour è stato magnifico – eravamo soddisfatti e sollevati. Avevamo fatto almeno sessanta concerti e perciò, anche se ci era piaciuto da matti andare in tour, eravamo contenti di riposarci un po'. Il party era in un locale sotto un albergo e io ci sono rimasto poco, perché volevo andare a rilassarmi. Di noi cinque, quelli che sono rimasti più a lungo credo che siano stati Harry e Louis. Louis è decisamente il più scatenato nelle feste, ma se ci chiudete tutti e cinque in una stanza, state pur sicuri che facciamo una festa al giorno.

Credo che durante il tour, noi della band ci siamo divertiti più degli altri cantanti di *X Factor* e quest'anno partiremo anche per il nostro tour personale, non vediamo l'ora. Sarà più intenso di quello organizzato da *X Factor*, ci verranno tante idee e avremo la possibilità di dire la nostra. Potremo anche rivedere tutti i nostri fan e fare quello che sappiamo fare meglio.

Dopo la fine del tour ho portato mamma e papà in vacanza in Florida e si sono divertiti un sacco a visitare gli Universal Studios. Ogni volta che eravamo andati in Florida in passato non avevamo mai tanti soldi e dovevamo stare in fila per ore prima di salire sulle montagne russe. Questa volta ho deciso che li avrei viziati e ho comprato dei biglietti da VIP per tutti, perciò non abbiamo mai dovuto aspettare più di cinque minuti per nessuna delle attrazioni. Siamo andati a mangiare ogni sera in ristoranti carinissimi ed è stato bello stare insieme. Mi ha fatto veramente bene rilassarmi dopo tutta l'esperienza di *X Factor*.

Ci siamo divertiti da pazzi per tutto il tempo che abbiamo passato a scrivere e a registrare le canzoni dell'album. È stato un casino trovare il primo singolo, perché naturalmente volevamo che fosse perfetto. Abbiamo lavorato con degli autori di testi e dei produttori che erano davvero fenomenali ed è stato incredibile averli a lavorare accanto a noi. Per me, la persona più straordinaria in assoluto con cui abbiamo lavorato finora è Claude Kelly, che ha scritto *Grenade* e *My Life Would Suck*. Lui è come una macchina da hit parade. Abbiamo avuto la possibilità di partecipare tutti alla stesura dell'album, una cosa importantissima per noi, e ci è piaciuto molto essere coinvolti.

Siamo anche andati in Svezia e di nuovo a Los Angeles per due viaggi stupendi. A Los Angeles siamo rimasti per tre settimane, perciò abbiamo avuto più tempo dell'ultima volta per vedere le cose, ma dovevamo anche restare concentrati sul lavoro. Ci siamo divertiti lo stesso però, perché il lavoro, in realtà, è stato uno sballo. Ogni volta che ci allontaniamo da casa, noi cinque ci sentiamo sempre più vicini e durante questi due viaggi siamo diventati ancora più amici.

A me viaggiare piace tantissimo, quello che non mi piace per niente è fare le valigie. Non so quante volte le abbiamo fatte ormai, ma non mi passerà mai questa fissa che mi sono dimenticato qualcosa. Dover fare i bagagli con tutti i vestiti e il resto della roba sapendo che starai via per settimane o mesi è veramente stressante.

Per il momento viviamo sostanzialmente negli alberghi anche se qualche volta siamo stati in qualche casa, una cosa fichissima ma anche un po' faticosa! Presto avremo un appartamento ciascuno. Probabilmente alcuni di noi andranno a stare insieme – Louis con Harry, Niall con Zayn – mentre io credo che mi prenderò un posto tutto per me, perché mi piace avere i miei spazi. Adoro i miei amici della band, ma so che quando torniamo a casa dopo aver passato 24 ore insieme avrò voglia di starmene per conto mio. Sono sempre stato così.

Abbiamo lavorato davvero parecchio quest'anno e c'è stato un momento in cui abbiamo avuto solo un giorno di riposo per tre mesi di fila, allucinante! Ma tutto è nuovo e favoloso per noi – fare le riprese e andare in tv sono cose che ci piacciono da matti, perciò le abbiamo fatte e ci siamo divertiti. E ci siamo anche beccati un mucchio di vestiti gratis!

L'altro giorno mentre guardavo la tv mi è capitato di vivere un'esperienza stranissima. Ho visto uno e ho pensato: "Io quello lo conosco" – ero io! Non avevamo mai avuto occasione di vederci mentre eravamo nella casa di *X Factor*, e vi garantisco, è una cosa assurda vederti in tv che fai delle scemate sapendo che anche altra gente ti sta guardando.

Ci sembra di aver già fatto delle cose stupende e per il momento quello su cui ci stiamo concentrando è l'album e il tour. Ci gasa un mondo fare della musica che piace alla gente e abbiamo un casino di grandi piani per il futuro.

Il mio desiderio più grande è che diventiamo famosi in America. Questo è il mio vero sogno. Ci vorrà parecchio lavoro, ma siamo tutti molto determinati.

Non abbiamo tanti giorni liberi, ma non ce ne importa niente. Ci aiutiamo e incoraggiamo a vicenda. Se uno è stanco ma abbiamo ancora del lavoro da fare, cerchiamo di fargli forza e lo tiriamo su e facciamo in modo di farcela sempre – anche se abbiamo dormito solo due ore. Questa è l'occasione della nostra vita per fare quello che ci piace fare divertendoci, e non ce la lasceremo sfuggire per niente al mondo.

A BRUCIAPELO

DATA DI NASCITA: 29/08/1993

SEGNO ZODIACALE: Vergine

Le cose che mi piacciono di più...

FILM: *Cambia la tua vita con un click* e tutti i film della serie *Toy Story*

PARTE DEL CORPO: Le mie braccia

CIBO: Cioccolato

ALBUM: *Echo* di Leona Lewis

AMICO: Martin, Andy e Ronnie

CELEBRITÀ FEMMINILE: Leona Lewis

NEGOZIO: All Saints

BEVANDA: Coca-Cola

COLORE: Viola

TELEFILM: *Friends* e *Tutti amano Raymond*

DOPOBARBA: One Million di Paco Rabanne

PROFUMO: XXX

VIDEOGAME: Pokemon

IPHONE APP: Flick Kick Football

IL TUO MODO DI PASSARE LA DOMENICA: Stare a letto a guardare film

IL POSTO PER UN APPUNTAMENTO: Il cinema

PAESE: America

RISTORANTE: Cosmo. È un ristorante cinese con il buffet a prezzo fisso sotto casa mia ed è fantastico

IL TUO MODO DI RILASSARTI: I massaggi, specialmente quando ho mal di schiena

MEZZO DI TRASPORTO: Auto

SERATA: Al bowling

BAND: One Republic

DI CHE COLORE È IL TUO COPRIPIUMINO? Blu

CHE TIPO DI INTIMO PORTI? Boxer di Armani. Questo però mi fa sembrare un po' uno che se la tira

IL TUO PRIMO ANIMALE DOMESTICO: Una tartaruga che si chiama Frederick – sono molto inventivo nel dare i nomi agli animali

PREFERISCI STARE DA SOLO O CON GLI ALTRI? Mi piace un sacco stare per conto mio

L'ULTIMO LIBRO CHE HAI LETTO: *Forever Young* degli One Direction

LE ULTIME CINQUE COSE CHE TI SEI COMPRATO: Un panino, proteine in polvere, una playstation, un cappello e dei videogiochi Trainer

CHE TIPO DI RAGAZZE TI PIACCIONO? Mi piacciono quelle silenziose, ma gentili. La mia ragazza ideale ha i capelli ricci, ma a parte questo sono aperto a tutto!

Louis
x

LOUIS TOMLINSON

IL RIBELLE

Non sarà una sorpresa per nessuno scoprire che sono sempre stato un bambino chiacchierone e che mi piaceva parlare con chiunque incontrassi quando andavo a passeggio con i miei. Sono stato all'asilo a Doncaster e mi sono divertito un mondo. Mi piaceva tantissimo giocare e stare con gli altri bambini. Ero fissato con i Power Rangers e ogni volta che mi chiedevano cosa volessi per Natale o per il mio compleanno chiedevo sempre un nuovo Power Ranger. Quello rosso era il mio preferito. Quando ho conosciuto Zayn, ho scoperto che anche lui come me ci andava matto e faceva scambio di figurine!

Quando avevo quattro anni, ci siamo trasferiti a Poole, dalle parti di Bournemouth, nell'Inghilterra meridionale: era un posto incantevole. A quale ragazzo non piacerebbe vivere al mare in una città piena di parchi e giostre? Ricordo benissimo che salivo sempre sulla ruota dei Power Rangers che stava sul lungomare e mi divertivo un mondo. C'era davvero molta vita a Poole ed era il posto perfetto per un bambino. All'ultimo anno di asilo e in prima elementare sono stato a una scuola che si chiamava Uplands e ogni anno vincevo tutte le gare sportive a cui partecipavo.

IL CORAGGIO DI SOGNARE

Dopo un paio d'anni che eravamo a Poole, la mamma è rimasta incinta di mia sorella Charlotte. Allora siamo tornati a Doncaster e io ho frequentato la scuola elementare Willow. Alle elementari non ho mai fatto niente di creativo, tipo recitare o cantare, ma ero sicuro di me e anche molto estroverso. È stata dura per me ricominciare in una scuola nuova, visto che avevo solo sei anni e il mio miglior amico, Alex, era rimasto a Poole. Mi sono fatto subito dei nuovi amici, ma ero piuttosto scatenato e mi sgridavano spesso. Non è che mi comportassi così male, mi divertivo soltanto a fare il buffone e far ridere gli altri. Per fortuna alle maestre piacevo lo stesso. (Se qualcuna di loro sta leggendo, mi voglio scusare con lei per aver sparato questa ipotesi un po' azzardata!)

Durante quei primi anni della mia vita passavo molto tempo con mia nonna Edna e mio nonno Len, perché i miei lavoravano. Mia nonna mi veniva a prendere a scuola e mi portava al parco. Avevo un rapporto specialissimo con i miei nonni e ogni volta che andavo a casa loro il nonno mi dava un gelato. Mi mancano da morire. Mia nonna adorava *X Factor* e sarebbe stata strafelice di vederci in tv.

Mi sento fortunatissimo ad avere una famiglia così numerosa. Mi ricordo ancora di quando è nata mia sorella Charlotte. Io avevo sei anni e mi sono messo a piangere perché quell'esperienza mi aveva sconvolto. Ero felicissimo, ma ero stato figlio unico fino ad allora, perciò era anche stato un po' uno shock per me. Adesso ho quattro sorelle: Charlotte, detta Lottie, Félicité, cioè Fizzy, e poi Daisy e Phoebe, che sono gemelle. È fantastico avere tante sorelle, anche se avrei sempre voluto avere un fratellino. Non è che mi lamento, perché le mie sorelline sono tutte stupende, ma mi sarebbe piaciuto che ci fosse stato un altro maschietto per casa.

Quando ero piccolo non avevamo una casa gigantesca e c'erano cinque donne in giro, perciò io e mio padre dovevamo restare uniti! In un certo senso è stato grazie alle mie sorelle che ho imparato tante cose sulle donne. Quello che è certo è che le donne non mi intimidiscono – perché sono abituato a stare con loro. Avere tutte queste sorelle mi ha sicuramente aiutato anche a stare con i bambini e lo notano sempre tutti che sono molto a mio agio con i piccoli. Adoro i bambini, e i ragazzi della band mi prendono sempre in giro per via del mio istinto paterno. Io voglio assolutamente

 NELLA PAGINA ACCANTO: **LA FESTA DEL MIO QUINTO COMPLEANNO**

IT'S MY BIRTHDAY TODAY!
I AM 5
Cool Kid

SOPRA: **GRANDE TIFO IL GIORNO DELLA PARTITA**
NELLA PAGINA ACCANTO: **MENTRE LEGGO UN LIBRO ALLA MIA SORELLINA, CHARLOTTE. NOTARE I CAPELLI!**

First

– assolutamente – avere dei figli un giorno, così potrò avere quel maschietto che ho sempre desiderato. Insomma, è probabile che io finisca per avere 15 o 20 figli se non faccio subito un maschio – una cosa che deve sapere subito, credo, qualsiasi donna stia pensando di sposarmi (mi auguro che questo non le faccia cambiare idea).

Dopo le elementari le cose si sono complicate perché ho dovuto cambiare scuola due volte. C'erano due scuole nella mia zona e quella in cui volevo andare a tutti i costi si chiamava Hayfield. Purtroppo non sono riuscito a entrarci, e sono dovuto andare in quella che si chiamava Hall Cross. Non era male lì, ma non mi sono mai veramente ambientato e non ero felice di starci, anche se mi sono fatto due ottimi amici come Dan e Aiden. Alla fine, comunque, si è liberato un posto a Hayfield e allora mi sono trasferito lì. È stata piuttosto dura, però, perché avevo già tredici anni e tutti gli altri stavano in quella scuola già da un po' e avevano fatto amicizia. Io ero quello nuovo, e le prime settimane non è stato facile dover fare conoscenza un po' con tutti. Ma ripensandoci oggi sono proprio felice di essermi trasferito a Hayfield, perché è una magnifica scuola e ho passato dei momenti decisamente fantastici mentre ero lì.

A tredici anni ho avuto il mio periodo tamarro. Portavo i jeans e mi mettevo le magliette della nazionale inglese – sembravo veramente un trucido. Mi ero anche fatto i capelli con il frangettone da una parte e la cresta in cima, un taglio molto di moda allora. Non mi sono interessato granché ai vestiti fino ai diciassette anni – prima di allora mi infilavo una maglietta qualsiasi e un paio di jeans; adesso però lo shopping è diventata la mia droga e compro davvero un sacco di cose.

Dopo circa un anno che studiavo a Hayfield sono entrato in una band che si chiamava "The Rogue" [Il Ribelle]. Tutto è cominciato durante un viaggio a Norfolk quando ho dormito nella stessa stanza con i miei amici Geoff, Jona e Jamie. Erano tutti e tre in una band insieme a un tipo che si chiamava Stan, che è adesso il mio migliore amico. Abbiamo legato molto e, mentre tornavamo in pullman da Norfolk, Geoff mi ha detto che loro stavano cercando un cantante e mi ha chiesto se mi andava di provare con loro, il che era una cosa strana perché non mi avevano mai sentito cantare prima! Ci trovavamo tutti insieme per provare una volta alla settimana, anche se nessuno ci ingaggiava, e cantavamo i Green Day e ci sentivamo un vero gruppo rock!

Alla fine di ogni semestre suonavamo una canzone davanti a quelli del nostro anno. Una delle prime che abbiamo suonato è stata *Mr Brightside* dei Killers e da allora in poi i miei amici mi hanno identificato con quella canzone. Mi piaceva tantissimo cantare, ma non ho mai avuto il coraggio di parlare in un'assemblea scolastica perché la cosa mi spaventava. Perciò è strano pensare che ho finito per cantare su un palco di fronte a migliaia di persone! Dopo circa un anno e mezzo la band ha deciso di prendere un altro cantante e così io e Stan abbiamo continuato con il nome "The Rogue" e abbiamo preso a suonare con noi Ben, che è davvero un talento. Facevamo dei pezzi acustici, ma era più per divertirci che altro e non ci aspettavamo affatto di sfondare – mi piaceva semplicemente la sensazione di stare davanti al pubblico.

A parte gli spettacoli a scuola, avevo già recitato un po', perché ero stato qualche volta in televisione come comparsa. Siccome le mie sorelline Daisy e Phoebe sono gemelline, venivano chiamate ogni tanto per fare piccole parti in cui servivano due bambine uguali e a un certo punto hanno cominciato a recitare in un telefilm che si chiamava *Fat Friends*. La mamma era andata dal regista a chiedergli se potevo fare la comparsa e io sono andato con lei. È stato così che ho incontrato James Corden, il famosissimo attore televisivo, perché anche lui era nella serie. È un tipo da sballo e adesso siamo super amici. È buffo che sono stato proprio io uno dei primi a chiedergli un autografo e devo ancora averlo a casa, da qualche parte. Un giorno o l'altro lo tiro fuori e glielo mostro per prenderlo in giro.

Dopo aver fatto quelle particine in televisione mi sono iscritto a una scuola di recitazione a Barnsley e ho preso un agente. Poi ho recitato in una serie che si intitolava *If I Had You* e ho fatto anche una mini-parte nella famosa serie *Waterloo Road*. Più in là, nella mia carriera, mi piacerebbe tornare a fare l'attore, ma adesso per me c'è solo la band. Non mi fermerò fino a quando non saremo diventati qualcosa di assolutamente fenomenale.

Uno dei tanti impieghi che ho avuto durante il periodo scolastico è stato alla grande catena di negozi di giocattoli Toys R Us. All'inizio della terza superiore dovevamo fare tutti una breve esperienza di lavoro e siccome mio nonno conosceva il presidente

NON HO MAI AVUTO IL CORAGGIO DI PARLARE IN UN'ASSEMBLEA SCOLASTICA

della squadra di calcio di Barnsley sono andato a lavorare lì come assistente allenatore per due settimane, è stato meraviglioso. A un certo punto mi era addirittura venuto in mente di diventare allenatore. Oppure volevo fare l'insegnante di inglese o di teatro, perché mi piaceva l'idea di lavorare con i bambini.

Ho anche lavorato alla cassa nello stadio del Doncaster e vendevo patatine e Coca-Cola durante l'intervallo, ma l'unica cosa che mi piaceva veramente di quel lavoro era il cibo gratis che mi davano. Poi ho lavorato al cinema Vue ed è stato fantastico, perché potevo vedere tutti i nuovi film senza pagare. Mi avevano preso in prova per tre mesi, ma alcune volte mi davo per malato e invece ero a far festa da qualche parte. Loro l'hanno scoperto, e così i tre mesi sono diventati sette mesi e mezzo. Io credo che in fondo erano contenti di me e volevano tenermi ancora, ma comunque non volevano impegnarsi a prendermi a tempo pieno. Alla fine è stato *X Factor* che mi ha fatto perdere quel lavoro. Quando mi ero iscritto per i provini, mi avevano detto di presentarmi un giorno che dovevo essere al lavoro, allora io ho chiesto a un mio amico, Laurence, di sostituirmi. Purtroppo lui se n'è dimenticato e non c'è andato – però la responsabilità era mia. Per loro è stata la goccia che ha fatto traboccare il vaso, e mi hanno lasciato a casa.

Ho anche fatto il cameriere per qualche tempo, e anche se non ero il miglior cameriere del mondo, i clienti mi davano buone mance perché mi piaceva chiacchierare e anche flirtare un po', a volte...

Mi ricordo un sacco di cose che ho fatto alle feste a cui andavo quando avevo sedici anni, certe erano veramente folli. Una volta avevo bevuto troppo, non trovavo più quello che mi doveva riportare a casa con la macchina e avevo bisogno di un posto dove dormire. Così la soluzione più ovvia è stata andare a piedi fino all'aeroporto con i miei amici Rob e Curtis, e dormire lì. No, non posso certo dire che sia stata la migliore dormita della mia vita!

Per complicare le cose, poi, in quarta superiore mi hanno bocciato, sostanzialmente perché ero troppo impegnato a divertirmi. Mi ricordo il giorno in cui mi hanno detto che non ero passato: ero assolutamente a pezzi, anche perché sapevo che alla Hayfield

SHURE

non è permesso ripetere l'anno. Tutti i miei migliori amici erano passati e sapevo che l'anno dopo sarebbero tornati per finire il liceo e poi andare all'università, e io sarei rimasto indietro.

Alla fine ho ripetuto l'anno alla Hall Cross. Avevo preso i corsi di psicologia, letteratura, educazione fisica e informatica, ma poi ho abbandonato letteratura, perché erano un po' troppi. Trasferirmi in quella scuola era stato un brutto colpo, ma per fortuna avevo diciassette anni ed ero felice di fare nuove amicizie. Anche se mi sentivo un po' uno scemo, dato che ero di un anno più vecchio dei miei compagni, mi sono comunque ambientato in fretta. Ero il solo ad avere la patente, una posizione invidiabile, perché potevo scarrozzare la gente in giro.

Ho passato l'esame di guida al primo colpo. La teoria non subito, visto che non avevo studiato bene (non proprio furbo da parte mia!), ma al secondo tentativo mi hanno promosso con 43 punti – appena sopra il minimo. Era fantastico poter portare in giro gli amici sulla mia Clio 1.2. Aveva i cerchi in lega e la chiusura centralizzata, insomma il mio sogno. In realtà era la macchina di mia nonna, ma aveva finito per diventare la mia, infatti lei non la usava mai.

Una delle cose più memorabili che ho fatto al liceo è stata recitare la parte da protagonista in *Grease.* Non avevo mai fatto un provino per un musical, e quello per di più l'ho fatto lo stesso giorno del colloquio di lavoro per Toys R Us. La mamma è venuta a prendermi alla fine del colloquio per essere sicura che ce l'avrei fatta ad arrivare in tempo al provino, anche perché sapeva che non ero sicuro se farlo o meno. Per fortuna è andato tutto bene ed ero strafelice quando mi hanno dato il ruolo da protagonista, quello di Danny Zucko. Mi vengono ancora le lacrime agli occhi quando riguardo il video della recita, perché è stato un momento davvero speciale per me. Ero fierissimo di aver avuto la parte principale e ci ho messo tutto me stesso. Vorrei approfittarne per ringraziare tutti quelli che hanno lavorato a quella produzione. È stato un periodo fantastico della mia vita e non lo dimenticherò mai.

Durante quell'anno scolastico ero praticamente tutto il giorno fuori casa e mi sono divertito da pazzi. Quell'estate è stata la più bella della mia vita. Sono andato in

Francia con Stan e poi all'isola di Jersey, sulla Manica, per rivedere Stacey, una ragazza che avevo conosciuto in Francia. Poi siamo stati al festival musicale di Leeds – anche lì, un'esperienza incredibile. Mi ricordo che c'erano un casino di feste sia dentro le case che fuori, nei giardini. Ho fatto anch'io una festa quando i miei sono partiti, fantastico!

Tutta la mia famiglia era partita per due settimane di vacanza, e non avevano voluto che io restassi a casa. Non mi avevano nemmeno lasciato le chiavi, perché pensavano che avrei fatto una festa, ma io mi ero fatto fare una copia e neanche un'ora dopo la loro partenza ero di nuovo dentro casa. Ho mandato un invito via Facebook a tutti i miei amici e Stan ha portato un enorme amplificatore. Ci abbiamo attaccato i nostri iPod e abbiamo sparato la musica al massimo – con le porte della veranda spalancate – perciò è stata solo una questione di tempo prima che la polizia arrivasse e ci dicesse di abbassare il volume.

Volevo che mia madre venisse a sapere della festa mentre era ancora in vacanza, così avrebbe avuto il tempo di calmarsi, e allora ho caricato su Facebook alcune foto proprio dove sapevo che le avrebbe viste. Per fortuna non ci sono stati danni e abbiamo rimesso tutto in ordine, perciò la casa era a posto e non ho passato troppi guai.

Dopo aver compiuto diciott'anni ho cominciato a uscire ancora più spesso. Mi piaceva andare da Priory, un bar dove facevano musica indie. Ho cominciato a conoscere roba diversa da quella che sentivo di solito e quando tornavo a casa mi mettevo ad ascoltare musica di ogni genere. Di quel bar ho dei ricordi incredibili: per tutta la settimana non aspettavo altro che di andarci.

Mi sento davvero fortunato ad aver avuto tanti amici nella mia vita, comunque da cinque anni a questa parte è Stan il mio migliore amico. I ricordi divertenti che abbiamo insieme sono tantissimi, come quando ci siamo messi a urlare a squarciagola "Tony" solo perché sapevamo che era il nome del nostro vicino, oppure quando abbiamo finto di sapere tutti i testi delle canzoni che mettevano da Priory e invece canticchiavamo solo parole senza senso, o ancora quando in Francia abbiamo detto una cosa un po' offensiva a una signora credendo che fosse francese (e ovviamente è venuto fuori che era inglese), per non dire poi di quella volta che Stan era così ubriaco che ha quasi pisciato nella camera di mia sorella. Ci siamo divertiti un casino insieme, non capita a tutti di avere un amico così caro.

A scuola sono sempre andato d'accordo con le ragazze e ho avuto un paio di fidanzatine a tredici e a quattordici anni. Poi ho cominciato a passare un bel po' di tempo a casa di Dan e lì ho conosciuto una sua amica, Arianna. Alla fine siamo stati insieme otto mesi, ed è stata la prima vera storia che ho avuto.

Non lo nascondo, a scuola facevo un po' il piacione e ho sempre ricercato la compagnia delle ragazze. Dopo la storia con Arianna ha cominciato a piacermi una ragazza che si chiamava Beth e siamo stati amici per sei mesi. Poi, quando avevo quindici anni, abbiamo cominciato a stare insieme. Ci siamo frequentati per due anni e due mesi e stavamo veramente bene. A un certo punto, però, la storia ha cominciato a diventare un po' troppo seria per l'età che avevamo, e allora ci siamo lasciati. Dopo sono rimasto single per un anno fino a che mi sono messo con Hannah, ed è con lei che stavo durante *X Factor*.

Insomma, non ho avuto tantissime storie, ma non sono stato quasi mai single, mi piace stare con una ragazza. Non ho mai tradito, e non posso nemmeno immaginarmi di cominciare adesso.

RISCHIARE

Nel 2009 ho fatto il provino a *X Factor*, ma non sono passato e per tutto il resto dell'anno ho pensato solo a provarci di nuovo e a passare almeno la prima selezione. Quando ci ho provato la seconda volta, ero più determinato che mai. Mi sentivo addosso anche molta più pressione, perché volevo disperatamente passare. Non avevo detto a tante persone che avrei fatto il provino, perché era diventata più che altro una sfida per provare a me stesso che ce la potevo fare. Mi sono messo in fila alle due del mattino e c'erano già cento persone prima di me. Ero con Stan e abbiamo

QUANDO CI HO PROVATO LA SECONDA VOLTA ERO PIÙ DETERMINATO CHE MAI

dormito nei sacchi a pelo mentre eravamo in coda. Sonnecchiavamo per un po' e poi ci svegliavamo per fare qualche passo avanti.

Il provino è stata una cosa assolutamente spaventosa. Ho cantato *Elvis Ain't Dead* degli Scouting for Girls e *Hey There Delilah* dei Plain White T's. Ho tirato un enorme sospiro di sollievo quando ho saputo che ero passato. Il pensiero di andare alle eliminatorie nazionali di *X Factor* mi esaltava tantissimo, anche perché ero stato a Londra solo un paio di volte in tutta la mia vita. Ora la conosco come il palmo della mano!

La settimana prima di andarci mio nonno mi ha portato a fare shopping e ho comprato il mio primo paio di scarpe Tom. Come molti hanno notato, adoro quella marca! Adesso ne ho tipo undici paia di diversi colori.

Quando sono arrivato alle eliminatorie, ho capito subito che c'erano alcuni dei concorrenti che cercavano di andare avanti facendo uscire gli altri, ma in realtà non mi ricordo di aver conosciuto così tanti di quelli che sono arrivati in finale, a parte Aiden Grimshaw e Zayn, con cui avevo fatto amicizia. Già allora si parlava del talento di Cher Lloyd (che poi ha vinto), e anche se con loro non avevo parlato poi un granché, mi ricordo bene di Harry e Liam, perché li ho visti e ho pensato "voi due ce la farete sicuramente". Mi sono fatto fare una foto con Harry perché sapevo che sarebbe diventato famoso. L'ho anche abbracciato e gli ho detto di non preoccuparsi perché ero sicuro che gli sarebbe andata bene.

È per questo che sono rimasto scioccato quando alla fine, dopo che avevamo aspettato per un tempo che sembrava non finisse mai, hanno annunciato i nomi dei cantanti selezionati e non c'erano né Harry né Liam. Onestamente, più del fatto che non avessero preso me, mi scioccava che non avessero preso loro. Dopo aver cantato *Make You Feel My Love* di Bob Dylan sapevo di non aver dato abbastanza per essere scelto ed ero molto arrabbiato. Poi Dermot O'Leary, il presentatore, è venuto a parlarmi a telecamere spente e mi ha abbracciato, il che mi era sembrata una cosa veramente carina visto che c'era un sacco di gente lì e non c'era bisogno che lo facesse. Ero ancora preoccupatissimo per come avevo cantato e a quel punto non mi sarei mai e poi mai aspettato di passare.

Quando ci hanno messo insieme nella band, Harry ha subito detto che il suo patrigno, Robin, aveva un posticino nel Cheshire dove potevamo andare a stare per una settimana. È stato fichissimo perché siamo rimasti tutti insieme in quel bungalow sul retro della casa e c'era una piscina e un sacco di spazio per giocare a calcio. Io portavo tutti in giro in macchina e ci sentivamo come cinque matricole alla prima settimana di università, quando ci si comincia a conoscere.

Il bungalow era bellissimo: avevamo messo materassi gonfiabili dappertutto, così ci potevamo buttare a dormire dove capitava. Siamo stati davvero bene e sono tutti e quattro dei ragazzi fantastici – anche se Harry e io abbiamo legato da subito e adesso lui è il mio miglior amico nella band. È un tipo molto fico e tranquillo e con lui posso parlare proprio di tutto. Mi sembra di conoscerlo da sempre, mi sa che c'è tipo un amore platonico tra di noi.

Non c'è stato un solo momento di calma nel bungalow, parlavamo di qualsiasi cosa, dai nostri ricordi ai progetti che avevamo. Ogni sera facevamo un falò, e mentre Niall suonava la chitarra noi cantavamo attorno al fuoco. Sono stati giorni favolosi. A ripensarci è davvero incredibile che ci eravamo appena conosciuti e dopo solo una settimana ci sentivamo già amici per la pelle. Nessuno mi aveva costretto a fare amicizia, è venuto tutto da sé.

Le canzoni che abbiamo provato quella settimana le abbiamo cantate in coro e abbiamo anche provato alcune orrende armonie, una cosa da ridere a ripensarci adesso. La verità è che non sapevamo bene quello che stavamo facendo, ma credo che sia stato comunque importantissimo convivere in quel periodo prima di andare nelle case dei giudici di *X Factor*. Sarebbe stata durissima andare in Spagna come una band fatta di cinque elementi che nemmeno si conoscevano e che non avevano mai suonato insieme.

Anche andare a Marbella, in Spagna, è stato come un sogno. Abbiamo legato ancora di più ed è stato bello stendersi al sole. Ci siamo divertiti da pazzi, abbiamo mangiato una valanga di pizze e Niall, che sa lo spagnolo, ci faceva da traduttore.

Anche se Simon Cowell è una delle persone più famose che ci siano, io non mi sono mai sentito intimidito con lui perché sa metterti sempre a tuo agio.

Il momento peggiore che ho passato in Spagna è stato quando mi ha punto un riccio di mare. Il piede mi si era gonfiato da non crederci ed era imbarazzante andare in giro zoppicando. La prima volta che siamo andati in onda avevo il piede gonfio come un pallone. Ecco, diciamo che quello non era esattamente il momento migliore per farsi male.

In ogni modo, fare le esibizioni dal vivo per accedere alla fase finale di *X Factor* è stata una sensazione indescrivibile ed eravamo tutti gasati a mille durante il viaggio di ritorno. Non abbiamo fatto grandi festeggiamenti, però, perché stavamo viaggiando anche con i concorrenti che non erano passati, e l'ultima cosa che volevamo era tirarcela davanti a loro, che avevano lavorato durissimo come tutti per farcela.

Prima di cominciare *X Factor* siamo tornati a casa nostra per un po'. Il nonno mi ha portato di nuovo a fare shopping, così avrei avuto delle cose nuove da mettermi. Non vedevo l'ora di vedere la casa di *X Factor* in cui avremmo vissuto, perché sapevo che sarebbe stato fantastico – e lo è stato!

Non abbiamo avuto tempo di stare nella casa quanto avrei voluto perché eravamo sempre impegnatissimi, ma quando ci stavamo era uno sballo e abbiamo giocato parecchio a ping-pong.

Ovviamente ci sono state anche delle situazioni un po' incasinate. Si sa come vanno le cose quando cinque ragazzi dividono un'unica stanzetta. Avevamo la camera più piccola della casa, perciò a volte, quando eravamo stanchi, la convivenza poteva diventare un po' complicata. Certe notti mi mancava il letto di casa mia, e quando gli impegni sono diventati sempre più frenetici sentivo la mancanza dei miei amici e della mia vita di prima. Ma non avrei cambiato una sola cosa di tutto quello che mi stava succedendo, per niente al mondo.

Devo confessare che sono un cocco di mamma e che ho un rapporto fantastico con mia madre, ma ci tenevano sempre così impegnati che non avevo neanche il tempo

ILWAUKEE

di sentire la mancanza di casa. Comunque parlavo un sacco al telefono con la mia famiglia e poi li vedevo una volta alla settimana durante il programma, il che rendeva le cose un po' più facili.

La prima settimana di *X Factor* non me la dimenticherò mai. Che esperienza incredibile! Era tutto favoloso. La mia performance preferita tra tutte quelle che ho fatto è stata *Torn*, ed è stato fantastico conoscere Robbie Williams. Lui è uno dei miei eroi – sono un suo mega fan – e anche di persona è proprio come me lo immaginavo. Anche Michael Bublé è un tipo veramente simpatico e devo dire che neanche stare vicino a Cheryl Cole è stato poi così male, anzi! Lei è stata davvero carinissima con noi. Sul serio, non mi viene in mente niente di negativo su tutta l'esperienza di *X Factor*. E alla fine, naturalmente, abbiamo anche avuto un contratto discografico. Anche se non abbiamo vinto, siamo lo stesso molto fieri di noi.

FINALMENTE NATAAAAAAALE!!!

Avevamo solo quattro o cinque giorni di riposo per Natale, ma non ce ne importava nulla perché stavamo vivendo un periodo davvero emozionante. Stavolta avevo a disposizione un po' di soldi per comprare dei regali alla mia famiglia, ed è stato bello poter spendere e spandere un po'.

La vigilia di Natale è anche il giorno del mio compleanno, e così a pranzo ho festeggiato in famiglia, poi la sera sono uscito con gli amici, anche se non mi sono scatenato troppo. Ero piuttosto stanco e volevo avere un po' di tempo per riposarmi.

Il fatto che adesso mi riconoscevano tutti non mi ha fatto sentire diverso rispetto alle altre volte che passavo il Natale a casa, anche se, forse, ho apprezzato di più la possibilità di restarmene con la mia famiglia proprio perché ero stato via per così tanto tempo. Ho ricevuto vestiti, soldi, una borsa da laptop e un iPod. Natale ricco! Ma in casa dovevo lo stesso dare una mano a fare le pulizie e altre cosette, perciò posso dire che la mia vita non si era stravolta completamente.

LOUIS: FINALMENTE NATAAAAAAALE!!!

Non ci mettevamo a parlare di *X Factor* dalla mattina alla sera. Credo che alle mie due sorelle più grandi faceva un po' strano che ero stato in tv e che i loro amici a scuola gli chiedevano il mio autografo, mentre non credo che le gemelline capissero veramente cos'era successo perché erano ancora talmente piccole.

Tornare a casa mi ha fatto realizzare quant'era cambiata la mia vita in così poco tempo. Sono stato proprio fortunato a finire nella band perché non so se ce l'avrei fatta a essere promosso. A scuola non ero abbastanza motivato, mentre con la band mi sento così spronato che passo tutto il tempo a lavorare alle canzoni e a farmi venire delle idee. Questo lavoro è la mia passione. Direi quasi che dentro la band so organizzarmi alla perfezione: lo giuro, non sono mai stato organizzato in vita mia!

Per tutte le vacanze di Natale, tra noi della band ci siamo mandati di continuo messaggi, e qualche volta io e Harry ci siamo anche parlati al telefono. Mi hanno anche chiamato tutti per farmi gli auguri di buon compleanno, davvero carino da parte loro. Per di più le nostre famiglie hanno fatto amicizia e la mamma di Harry e la mia si sentono spessissimo. Durante il tour sono anche venute tutt'e due a Newcastle per festeggiare il compleanno di mia mamma.

Quando sono tornato a Doncaster, sono venuto a sapere che alcuni tizi che conoscevo dicevano alle mie spalle che non mi meritavo di stare dov'ero. Lo ammetto, è servita anche un bel po' di fortuna per arrivare dove sono adesso, ma in fin dei conti ho lavorato parecchio, e duro, per cui, anche se quelli pensano che non sono poi così bravo, se sono qui una ragione c'è.

Durante le vacanze di Natale alcuni fan sono venuti sotto casa mia e altri sono andati addirittura a bussare a casa di mio nonno. Mi dispiace sempre quando vengono e io non ci sono. Una volta ci sono stati dei fan che mi hanno aspettato per otto ore, ma io sono rimasto fuori tutto il giorno e non sono riuscito a vederli, il che mi è dispiaciuto da morire.

Non so se ci abitueremo mai a tutta l'attenzione che riceviamo dai nostri ammiratori. È una cosa che va avanti ormai da un bel po', perciò forse ci siamo anche abituati e

per noi è importantissimo il sostegno che ci danno, ma continua a sembrarci strano che la gente sa chi sei. Anche se fai un salto in un negozio di Londra alle undici e mezza di notte, dopo una lunga giornata di lavoro, trovi ancora gente che ti scatta fotografie, ed è una sensazione stranissima.

Prima facevo le cose senza preoccuparmi di niente, mentre ora devo pensarci due volte. Anche cose semplicissime, tipo andarmi a comprare lo shampoo. In generale dobbiamo stare attenti se andiamo in posti affollati, perché una situazione che un minuto prima era tranquilla diventa di colpo un casino.

Ho passato il Capodanno a festeggiare insieme ai miei amici, divertendoci un mondo. La maggior parte di loro si comporta con me come si è sempre comportata e questo conta tanto per me. I miei amici sono importantissimi e non sopporterei che i nostri rapporti cambiassero.

Tutti noi della band siamo stati davvero felici di fare una pausa, ma sapevamo anche di avere un contratto discografico ed eravamo gasatissimi all'idea di tornare a lavorare e di scoprire finalmente cosa ci aspettava per il futuro.

NUOVO ANNO, NUOVE SFIDE

Quando siamo tornati al lavoro sapevamo che avremmo avuto un gennaio strapieno di impegni ed eravamo pronti a partire! Mi ero riposato, ma stare su un palco mi mancava e non vedevo l'ora di tornarci. Avevamo dei concerti privati in vista e morivo dalla voglia di rivedere i nostri fan.

A gennaio abbiamo anche parlato a lungo dei nostri piani per il futuro. Eravamo ansiosi di lavorare al nostro album: appena c'era un minuto libero, ci mettevamo a ragionare su come impostarlo e su che tipo di influenze musicali si dovevano sentire di più. Volevamo, soprattutto, essere coinvolti il più possibile nella realizzazione del disco. Questo significava passare gran parte del nostro tempo a scrivere le canzoni, e così non facevamo altro che scambiarci idee tra noi.

MI SEMBRAVA DI STARE SULLE MONTAGNE RUSSE, E MI SONO BUTTATO

Mentre eravamo a *X Factor* adoravamo stare nello studio di registrazione, perciò eravamo eccitatissimi all'idea di tornarci. È fantastico stare in studio, perché ci permette di stare insieme e possiamo sempre ordinare cose buonissime da mangiare. Come sanno benissimo tutti quelli che ci conoscono, andiamo matti per il cibo. Poi abbiamo saputo che saremmo andati a Los Angeles per lavoro, e quella è stata una sorpresa favolosa. Una delle prime cose che ho pensato, lo ammetto, è stato quanto me la sarei spassata a fare shopping lì. Amo comprare vestiti, perciò ho subito pensato a una lista di cose che avrei voluto prendere.

Siamo stati a Los Angeles cinque giorni, di cui due di viaggio, quindi eravamo anche un po' stanchi, ma stare sotto il sole ci ha ricaricati e abbiamo sfruttato al massimo ogni secondo del nostro soggiorno. Quando siamo finalmente riusciti a fare shopping sono rimasto un po' deluso, a dire la verità. Ho comprato qualcosina, ma le mie Tom me le posso comprare anche in Inghilterra, ed è quella la cosa più importante!

Mentre eravamo a Los Angeles siamo stati a cena con il produttore Max Martin, è stata una cosa un po' angosciante perché, anche se aveva l'aria di una persona qualunque in jeans e t-shirt, noi eravamo piuttosto intimiditi da lui. Abbiamo anche registrato una canzone negli studi di RedOne ed è molto fico poter dire che siamo andati a registrare a LA!

Dopo essere tornati in Inghilterra abbiamo vissuto uno dei momenti più assurdi con i nostri fan. A centinaia ci aspettavano all'aeroporto. Ci siamo messi a correre come dei pazzi attraverso la folla per provare a raggiungere le nostre macchine, ma non riuscivamo a passare. Dai terminal di quell'aeroporto c'è solo un'uscita ed è lì che ci aspettavano. E per quanto avessimo voglia di vedere i nostri fan, sarebbe stato un po' pericoloso andare a firmare autografi in mezzo alla marea che formavano.

A me quella situazione aveva dato una scarica di adrenalina, ma Niall era completamente terrorizzato. Mi sembrava di stare sulle montagne russe, e mi sono buttato. Quando tutto succede così all'improvviso e non sai cosa fare o dove andare – e sai che sono tutti lì per te – be', è una sensazione pazzesca.

EAS
Whey Protein

Alla fine siamo usciti da una porta laterale ma ci hanno visti subito e ce li siamo ritrovati tutti intorno. Io avevo una felpa e me l'hanno mezzo strappata via. Qualche tempo dopo, mentre firmavamo le copie del nostro primo libro alla fine di una presentazione, una ragazza è arrivata con la mia manica strappata per mostrarmela – e mi ha anche chiesto di firmargliela. Mi ha fatto morire!

Le prove per il tour sono state l'altro grande impegno che abbiamo avuto all'inizio dell'anno. Sono state davvero toste e quando abbiamo cominciato a provare *Only Girl in the World*, ci siamo accorti che ci dovevamo muovere ancora di più di quanto avevamo fatto a *X Factor*. Non è che era difficile, solo che c'era molto da imparare e dovevamo ripetere le cose tipo venti volte di seguito. Noi invece volevamo passare oltre e imparare nuove canzoni; insomma, tutte quelle ripetizioni ci frustravano. In ogni modo ce l'abbiamo messa tutta ed era chiaro che miglioravamo di giorno in giorno, e questo ci dava la carica.

Ripensando adesso a quanti progressi abbiamo fatto, posso dire che quelle prove sono servite per davvero. Quando riguardo le nostre esibizioni a *X Factor*, mi accorgo che tutto quello che richiedeva energia e movimento – come *Only Girl in the World* – lo facevamo in modo del tutto diverso da come lo facciamo oggi. Abbiamo imparato a muoverci meglio sul palco e siamo molto più sicuri di noi. Harry è sempre stato quello più a suo agio in scena, ma penso che adesso siamo tutti al suo livello. Partecipare a *X Factor* e cantare nelle arene così presto in carriera è il miglior allenamento che ti possa capitare.

Una delle cose più belle del tour è stata poter stare insieme a tutti quelli di *X Factor*. Matt Cardle è davvero un tipo in gamba. Noi ci divertivamo a sfotterlo dicendogli cose tipo: "Guardatemi, sono Matt, mi sa che adesso mi sentirò male perché ho vinto *X Factor*". È stato fantastico anche rivedere Aiden – per me è sempre stato uno con cui potevo parlare, al di fuori dei ragazzi della band.

Ogni sera, dopo il concerto, affittavano per noi un'area del bar o una sala per poter andare lì a rilassarci. Io tendevo ad andarci una sera sì e una no per non esaurirmi troppo. Credo che l'unico a stare lì ogni notte era Niall – gli piace da matti chiacchierare.

Passava ore a parlare con la troupe o con le ballerine. Anche se c'eravamo noi al bar, Niall non veniva mai a sedersi in nostra compagnia e andava invece a cercare persone nuove con cui discutere.

Di tanto in tanto avevamo un irresistibile bisogno di fare casino. A Sheffield abbiamo praticamente distrutto i camerini. Tutto è cominciato quando ho cercato di fare canestro nel cestino con un torsolo di mela ma l'ho mancato, e per qualche motivo è finita che tutti prendevano in mano delle mele e le scaraventavano più forte che potevano contro il muro. Dividevamo il camerino con altri cantanti di *X Factor* e così tutti abbiamo cominciato a prendere qualsiasi frutto a portata di mano, e alla fine c'erano arance spiaccicate per terra e pezzi di pera sparsi sui tavoli. Per cinque minuti è stato divertentissimo. Sapevamo che non dovevamo farlo, ma chi riusciva a smettere?

Dopo la battaglia con la frutta sono andato al bagno, e quando sono tornato nel camerino c'era Vicky, l'assistente del nostro manager, che era appena arrivata e aveva visto tutto quel macello. Ho fatto finta di niente e me ne sono uscito dicendo: "Ma che è successo qua dentro? Vicky, io non ne so niente, ero fuori. Aspetta che ti aiuto a mettere a posto". Ho cominciato ad aiutarla ma non potevo fare a meno di sorridere e guardare Zayn. Intanto, Vicky continuava a ringraziarmi, e così l'ho passata liscia.

Abbiamo rifatto la stessa cosa a Liverpool e pensavamo di passarla liscia perché avevamo tirato la frutta nella doccia e poi chiuso la tenda. Abbiamo lasciato la stanza subito dopo il concerto e nessuno ci aveva detto niente, ma poi Cara, il tour manager, ci ha fatto vedere due foto del camerino che mostravano lo stato in cui era ridotta la doccia. Ci ha guardati e ha detto: "Che roba è questa?". Zayn ha cominciato ad agitarsi. Non riusciva a guardarla negli occhi e ripeteva: "Non lo so, non lo so". Alla fine abbiamo detto che non ne sapevamo niente. Secondo me, sotto sotto, Cara l'ha trovata una cosa piuttosto divertente.

Durante il tour la gente ci dava continuamente delle carote. Questo perché la seconda settimana di *X Factor* ci avevano chiesto cosa ci piaceva in una ragazza, e mi era

WH
S
Marriott
1D
Louis
Zayn
Harry

sembrato divertente dire che mi piacevano le ragazze a cui piacciono le carote. Da allora i fan hanno cominciato a disegnare carote sui poster, sulle magliette, e ci portavano anche un sacco di carote vere.

Una sera c'erano due ragazze vestite da carote che ballavano sotto il palco. Un'altra volta un amico mi ha dato un costume da carota e io l'ho messo durante un concerto. È stato una figata e mi è piaciuto da matti. Probabilmente dovrei prendere una percentuale dai contadini, perché sono certo che la vendita delle carote è salita vertiginosamente.

Il party per festeggiare la fine del tour mi è piaciuto un casino. È stata un'occasione per riflettere su tutto quello che avevamo fatto; in un certo senso è stato un sollievo pensare che il tour era finito e che avremmo potuto godere un po' di ferie.

Il tour è stato qualcosa di stupendo ma al tempo stesso abbiamo anche lavorato duro. Avevamo fatto vari concerti quell'ultima settimana, ed è stata bello pensare che non dovevo svegliarmi presto il giorno dopo il party. Mi sono messo a letto che erano le cinque di mattina, e poi mia mamma mi ha riportato a Doncaster. Che sollievo sdraiarmi nel mio letto!

Dopo la fine del tour mi sono mancati tutti. A dire il vero, mi sono mancate quasi tutte le cose del tour. La gente si lamenta di dover viaggiare e a volte, lo ammetto, può essere stancante, ma noi abbiamo l'opportunità di andare in posti fichissimi e di vedere cose uniche, perciò non c'è molto da mugugnare, a dire la verità. Non vedo l'ora di rifarlo – e non vedo l'ora di cominciare il nuovo tour. Ci piace un sacco vedere i fan e non c'è niente che assomigli a quello che provi quando sei sul palco.

Durante il tour abbiamo girato la pubblicità per il videogioco Nintendo DS dei Pokémon: alla fine ce ne hanno anche regalato uno gratis a ciascuno, e per me, Liam e Zayn è stato davvero fantastico, perché siamo completamente fissati con quel gioco. Abbiamo girato lo spot in una stanza d'albergo. Eravamo molto naturali, facevamo un po' di casino tra noi, ed era pazzesco che in tutto questo stavamo girando uno spot per la tv. Questa sì che è vita!

NELLA PAGINA ACCANTO: **DURANTE UNA DELLE PRIME PRESENTAZIONI DEL NOSTRO LIBRO; CHE FOLLA! ADORIAMO I NOSTRI FAN!**

2
ENERGIE
E
3

STEDMAN

IL CORAGGIO DI SOGNARE

Mentre facevamo il tour di *X Factor* eravamo sempre più eccitati all'idea che presto ne avremmo fatto uno tutto nostro, il tour degli One Direction, l'occasione perfetta per mostrare a tutti cosa siamo capaci di fare. È dall'inizio dell'anno che lo stiamo pianificando e ogni volta che ci vediamo parliamo delle cose da provare. Siamo emozionatissimi all'idea di cantare le nostri canzoni dal vivo.

Dopo il tour Harry e io siamo andati a sciare con i nostri amici Stan e Johnny a Courchevel, in Francia. È stato divertentissimo. Non avevo mai sciato prima in vita mia, ma alla fine della vacanza ormai me la cavavo. Ci riconoscevano spesso, ma erano tutti molto carini e amichevoli.

Siamo rimasti scioccati quando abbiamo scoperto che il nostro primo libro, *Forever Young*, era arrivato al primo posto in classifica. Durante le presentazioni del libro abbiamo incontrato una marea di fan, è stato grandioso. Non riuscivamo a credere a quanta gente veniva a farsi firmare le copie, specialmente quando abbiamo fatto la presentazione al centro commerciale di Lakeside, in Colorado. Attorno a noi si era formata una folla immensa, tra i fan che erano venuti lì apposta per vederci e la gente che era lì a far spese. Ed è stato bello poter ringraziare tutti per il sostegno che ci hanno dato.

A volte, la registrazione dell'album è stata frustrante: cercavamo disperatamente il singolo giusto per lanciare il disco, e quando finalmente l'abbiamo trovato è stata una grande vittoria. Nel disco ci sono delle canzoni fantastiche, che ci permettono di far sentire tutte le nostre voci. Abbiamo lavorato con gente di incredibile talento come Steve Robson e Wayne Hector. Steve ha lavorato con Busted e James Morrison e con tanti altri, mentre Wayne è quello che ha scritto *Flying Without Wings* per i Westlife. A Los Angeles abbiamo lavorato con il grande RedOne. È uno che guardiamo con ammirazione, perciò potete immaginarvi quanto eravamo felici di lavorarci insieme. Eravamo gasatissimi di tornare a Los Angeles, una città che ci sembrava già di conoscere un po'. Ma è stato altrettanto fico andare in Svezia, dove la gente è davvero stupenda.

È STATO BELLO POTER RINGRAZIARE TUTTI PER IL SOSTEGNO CHE CI HANNO DATO

SE POSSIAMO,
CI FERMIAMO SEMPRE
PER UNA FOTO

Quest'anno siamo stati spesso ospiti in tv e abbiamo anche fatto un documentario. Volevamo permettere ai nostri fan di vedere com'è la nostra vita dietro le quinte e anche dare l'occasione a chi ci segue di scoprire qualcosa in più su di noi. In questo senso *X Factor* è stato talmente massacrante, con tutte quelle telecamere sempre addosso, che adesso non ce ne accorgiamo nemmeno più quando ci stanno intorno, e così nel documentario ci saranno parecchie cose di noi che nessuno sa.

SEMPRE PIÙ SU

Non so se mi abituerò mai a essere famoso. Ormai ci siamo abituati a vivere in albergo e ad avere sempre gente che ci aspetta, ma capitano spesso sorprese e imprevisti e in realtà non sai mai bene cosa succederà – ecco che cosa rende tutto così eccitante! La cosa che mi sorprende di più è che la gente pensa di conoscerci perché ci ha visto crescere come artisti durante *X Factor* e diventare quello che siamo oggi. In più, siccome ha votato per noi, a volte pensa di aver come investito su di noi, e in un certo senso è così. Ci chiedono sempre: "Ci date una vostra foto? Abbiamo votato per voi tante volte e abbiamo speso una marea di soldi". Noi saremmo felici di dargli una nostra foto anche se non ci avessero votato!

La gente ha anche quest'idea che i paparazzi sono terribili, ma con noi sono sempre stati gentili, tanto che siamo ormai diventati amici di alcuni di loro. Se possiamo, ci fermiamo sempre per una foto. Con la stampa è lo stesso. Siamo contenti di parlare con i giornalisti, anche se a volte hanno scritto cose assurde. Un giornale ha detto che Mary Byrne e Wagner, i due concorrenti di *X Factor*, ci odiavano perché durante il tour avevamo preso i peluche di Cher Lloyd e li avevamo messi tutti intorno a Wagner mentre dormiva. A quanto pare lo volevamo terrorizzare! Ma non era per niente vero, era stato solo uno scherzo fatto così per ridere. Non abbiamo veramente idea di come fanno i giornalisti a sapere certe cose, alcune proprio impossibili, per quanto siano divertentissime.

Le mie speranze per il futuro? Conquistare il mondo. Se dovessimo esprimere un desiderio, vorremmo un singolo e un album al primo posto, e io vorrei tornare a Los Angeles ed essere candidato ai BRIT Award della musica. Si deve sempre puntare in alto, no?!?

A BRUCIAPELO

DATA DI NASCITA: 24/12/1991

SEGNO ZODIACALE: Capricorno

Le cose che mi piacciono di più...

LIBRO: L'autobiografia di David Beckham – o almeno quella metà del libro che sono riuscito a leggere prima che il cane me lo mangiasse (è andata così, giuro)

FILM: *Grease*

PARTE DEL CORPO: La mia bocca, perché senza di lei non avrei un lavoro!

CIBO: Pasta e pizza e come dessert il 'Cookie Dough' che fanno da Pizza Hut

ALBUM: *21* di Adele e *How to Save a Life* dei The Fray

AMICO: Stan

CELEBRITÀ FEMMINILE: Cheryl Cole e Diana Vickers

NEGOZIO: Topman

BEVANDA: Il milkshake Daim Bar

COLORE: Rosso

TELEFILM: *One Tree Hill* e *Skins*

DOPOBARBA: Non lo uso, perché se un ragazzo sa troppo di dopobarba sembra che si stia sforzando di fare colpo

PROFUMO: Nessuno in particolare. Mi piacciono le ragazze che hanno un buon odore

VIDEOGAME: Fifa

IPHONE APP: Twitter

IL TUO MODO DI PASSARE LA DOMENICA: A letto con i cereali Curiously Cinnamon, poi un sandwich con bacon, uova strapazzate, formaggio e un po' di salsa barbecue in cui inzupparlo. Mi farei qualche partita di Fifa alla playstation, inviterei Stan, me ne starei a letto a far niente o a giocare al computer, e poi me ne andrei al parco a fare due tiri a pallone

IL POSTO PER UN APPUNTAMENTO: Il cinema (semplice ma efficace)

PAESE: Francia

RISTORANTE: Pizza Hut, per via del Cookie Dough

IL TUO MODO DI RILASSARTI: Stare con gli amici

MEZZO DI TRASPORTO: Auto

SERATA: Una bella festa a casa di qualcuno

BAND: The Fray

DI CHE COLORE È IL TUO COPRIPIUMINO? Crema

CHE TIPO DI INTIMO PORTI? Boxer di tutti i colori

IL TUO PRIMO ANIMALE DOMESTICO: Un cane che si chiama Ted

PREFERISCI STARE DA SOLO O CON GLI ALTRI? Con gli altri. Adoro stare in mezzo alla gente

L'ULTIMO LIBRO CHE HAI LETTO: Ho letto solo l'autobiografia di Beckham che si è mangiato il mio cane. Io non sono un gran lettore di libri, lui invece li divora

LE ULTIME CINQUE COSE CHE TI SEI COMPRATO: Sono stato da Topman e ho comprato una valanga di roba

CHE TIPO DI RAGAZZE TI PIACCIONO? Non c'è un tipo preciso, ma mi piacciono quelle spontanee e frizzanti, con tanto senso dell'umorismo. E anche chiacchierone, almeno quanto me.

Niall x
KIT
GTR + CONGAS
CLAMPS / SIDEARMS
IEMs
D.I. BOXES

NIALL HORAN

UN RAGAZZO DI PAESE

Sono cresciuto a Mullingar, una cittadina di 35.000 abitanti nel cuore dell'Irlanda. Prima abitavamo in una strada del centro; poi, quando avevo più o meno quattro anni, siamo andati a stare in una villa un po' fuori città. Credo che i miei primi ricordi siano di quando, a quattro anni, sono andato in vacanza a New York a trovare mia zia. Mi ricordo anche di quando andavo su e giù per la strada di casa mia alla guida di un piccolo trattore giocattolo – non c'erano molti altri bambini della mia età, perciò stavo soprattutto da solo oppure con mio fratello e i suoi amici. Mi ricordo bene anche di quella volta che ho spaccato la testa a mio fratello con una racchetta da ping-pong!

I miei hanno divorziato quando avevo cinque anni e allora io e mio fratello siamo andati ad abitare con mia madre per un po'. Poi per un paio d'anni abbiamo vissuto tra la casa di mio padre e quella di mia madre. Alla fine io sono andato a stare da mio padre, perché viveva in città e lì avevo più amici ed era più comodo per la scuola e le altre cose. Sono sempre stato basso per la mia età – e probabilmente lo sono ancora – ma per fortuna a scuola non mi hanno mai preso in giro o picchiato, perché cercavo di essere gentile con tutti. Ero sempre pronto a divertirmi e a fare casino, perciò andavo facilmente d'accordo con la maggior parte dei miei compagni.

TUTTI IN FAMIGLIA RICORDANO CHE MI SENTIVANO SEMPRE CANTARE

Il primo giorno di scuola è stato un incubo. La mamma mi ha lasciato in classe e appena se n'è andata mi sono messo a piangere disperato perché non volevo restare lì. Avevo solo cinque anni e nessuno dei miei amici andava nella mia stessa scuola, perciò ero spaventatissimo di dover rimanere tutto solo. Presto però mi ci sono abituato e andare a scuola ha cominciato a piacermi. E fino a quando ci sono andato mi è sempre piaciuto tutto della scuola – a parte dover fare i compiti, cosa che odiavo, e in generale studiare, cosa che non facevo poi molto.

La musica è sempre stata la mia passione, fin da piccolo. A scuola suonavamo il flauto dolce, perciò ho cominciato a studiarlo quando avevo cinque o sei anni, e mi ha subito preso un casino. Andavo a cantare le canzoni di Natale porta a porta con i miei compagni di classe e quando avevo otto anni la mia maestra di canto, la signora Caulfield, mi ha detto che dovevo provare a entrare nel coro cittadino.

Tutti in famiglia ricordano che mi sentivano sempre cantare. Ogni estate mia zia veniva a trovarci dall'America e andavamo in vacanza a Galway, nell'Irlanda occidentale. Un giorno, mentre eravamo in viaggio, ero seduto dietro e stavo cantando Garth Brooks, quando mia zia ha detto che le sembrava di sentire la radio. È esattamente la stessa cosa che è successa a Michael Bublé con suo padre. Un giorno era seduto dietro e si è messo a cantare *White Christmas*, ed è stato così che il padre si è accorto che era veramente capace di cantare. Lui è il mio mito, perciò mi piace il fatto che abbiamo vissuto una storia simile. La zia mi ha detto che in quel momento si è convinta che sarei diventato famoso e ha continuato a ripetermelo mentre crescevo, ma io non ci avevo mai dato peso.

A dodici anni ho cominciato a suonare la chitarra, e un anno dopo mi sono iscritto a un talent show organizzato dalla scuola e ho cantato *The Man Who Can't Be Moved* degli The Script. Il mio amico Kieron mi accompagnava alla chitarra, e anche se non era una gara né niente, hanno lo stesso parlato di me nel giornale locale, perché avevano mandato qualcuno alla scuola per scattare delle foto. Questo mi ha dato un po' di fiducia e mi ha spinto ad andare avanti, e così mi sono iscritto a un piccolo concorso locale, sempre con Kieron, dove ho cantato *With You* di Chris Brown. Quel concorso l'ho vinto, pazzesco! Così ho pensato che forse cantare era una cosa in cui ero bravo.

NELLA PAGINA ACCANTO: **UNA PERFORMANCE IMPROVVISATA, VESTITO DA PO DEI TELETUBBIES**

IL CORAGGIO DI SOGNARE

Una volta sono anche andato a vedere Lloyd Daniels – che era andato a *X Factor* nel 2009 – che si esibiva in un locale, The Academy. Gli ho detto che ci avrei provato anch'io a partecipare a *X Factor*, ma lui non sembrava troppo convinto. Poi un giorno è venuto a sentirci quando suonavamo dal vivo. Si è ricordato di me e mi ha detto: "Hai visto? Ti avevo detto di provarci". Invece non me l'aveva mai detto!

Un'altra volta, era novembre, pochi mesi prima di andare a fare il provino per *X Factor*, e ho partecipato a un altro concorso locale. Ho cantato *I'm Yours* di Jason Mraz – una scelta poco coraggiosa, come avrebbe detto Simon Cowell – e mi sono divertito da matti. Sono andato alla grande e la stampa ha di nuovo scritto tante belle cose su di me. Un'esperienza che mi è tornata utile più in là.

A scuola facevo schifo in matematica, mentre me la cavavo bene in francese. Avevamo un grande campo da gioco e perciò praticavo sempre vari sport, cosa che mi prendeva buona parte di tempo. Non ero esattamente un secchione, ma penso che ero intelligente – è solo che passavo troppo tempo a fare casino. Pensavo che la scuola fosse fatta per divertirsi e fare un po' gli scemi.

Mi ricordo la lezione di geografia il primo giorno delle medie. Tutti i miei amici erano stati messi in classi diverse, perciò dovevo ripartire da zero perché non conoscevo nessuno. Poi il tipo seduto dietro di me, Nicky, ha tirato una scoreggia, sono scoppiato a ridere e così abbiamo fatto amicizia. (Ha ha, sarà contento che l'ho raccontata!) Da quella volta siamo diventati amici per la pelle e ci sedevamo in fondo all'aula per cantare vecchie canzoni irlandesi insieme a un altro nostro amico che si chiama come me, Niall. I professori si arrabbiavano continuamente con noi. Ognuno di noi tre cercava sempre di inventarsi qualcosa per far ridere gli altri due. Comunque non sono mai finito davvero nei guai, eccetto quella volta che abbiamo segato la scuola e ci hanno beccato. Ci hanno fatti neri!

Non avevo voti così brutti e gli insegnanti dicevano che avevo buone potenzialità. Purtroppo però passavo troppo tempo a far casino e a giocare a pallone con gli amici per potermi mettere a studiare sul serio. Una volta un professore ha detto a mia mamma che quando stavo in classe vivevo sempre in un mondo tutto mio.

PAGINA PRECEDENTE, A SINISTRA: **A SEI ANNI, MENTRE GIOCO IN GIARDINO**
PAGINA PRECEDENTE, A DESTRA: **VESTITO TUTTO ELEGANTE E PRONTO PER IL MATRIMONIO DI MIO ZIO**

A undici, dodici anni mi sono fatto rasare una V sulla nuca e mi sono lasciato i capelli un po' più lunghi sui lati. Qualche tempo fa, un giorno che ero tornato a casa, mi sono messo a riguardare le foto di qualche anno fa e devo dire che quel taglio mi stava proprio uno schifo! Mi sa che tutti hanno qualche foto imbarazzante degli errori fatti da piccoli, ma alcune delle mie sono particolarmente brutte. Mi piacerebbe poter vedere le foto degli altri della band con il look da tamarri.

Da piccolo mi piaceva tantissimo il pop. Ero fissato con i Westlife e andavo spesso a vederli in concerto, perciò è stato fantastico quando a *X Factor* ho avuto la possibilità di conoscerli, parlarci e farmi quattro risate con loro. Sono dei tipi in gamba, e con noi sono stati esattamente come me li immaginavo. Erano iper rilassati e non se la tiravano per niente – dev'essere una caratteristica irlandese!

I primi anni di scuola non ho avuto ragazze perché non vedevo il motivo di legarmi a qualcuno a dieci anni o giù di lì. E poi sono sempre stato un timido con le ragazze. Il mio primo bacio l'ho dato a undici anni, ma credo di averlo cancellato dalla memoria perché è stato orribile. Non sono nemmeno sicuro che si possa calcolare come un bacio.

A tredici mi sono messo con una, ma non siamo rimasti insieme molto, e da allora non sono uscito con tante altre ragazze. Non ho ancora avuto una storia seria, ma mi piacerebbe averla se trovassi la ragazza giusta.

Ho un fratello solo, Greg, che ha ventiquattro anni e lavora in un negozio vicino a casa. Da piccoli ci odiavamo. Se ripenso a quei tempi me lo ricordo come il fratello maggiore rompipalle, e lui ricorda me come il fratello minore insopportabile. Non accettavo nemmeno che mi guardasse e litigavamo di continuo, il che era un bel problema perché lui era molto più grande e grosso di me.

Cercavo di comportarmi da grande e frequentavo tutti i suoi amici, e lui questo non lo sopportava. Quando avevo tredici anni Greg ha lasciato la scuola e si è messo a lavorare. A quel punto eravamo ormai cresciuti e così abbiamo cominciato ad andare d'accordo. Ora ci vogliamo un sacco di bene e siamo amici, oltre che fratelli.

CERCAVO DI
COMPORTARMI DA
GRANDE E FREQUENTAVO
TUTTI I SUOI AMICI,
E LUI QUESTO
NON LO SOPPORTAVA

NUOVI INIZI

Quando ho fatto il provino per *X Factor* andavo al liceo St Mary e avevo appena cominciato il biennio finale. Il mio piano era di andare all'università e studiare ingegneria del suono, ma naturalmente è cambiato tutto quando sono arrivato alla fase finale. A quel punto ho interrotto lo studio, ma non me ne importa niente, e non è una sorpresa.

Ho sempre pensato che volevo provarci con *X Factor* – come chiunque altro in Irlanda a cui piace cantare, immagino. Il mio sogno era diventare un artista ed essere rispettato per la mia musica. Qualche volta mi hanno paragonato a Justin Bieber, e non me ne posso certo lamentare.

È cominciata così: era estate, eravamo in albergo con altre duecento persone ed era divertentissimo. Naturalmente il massimo è capitato alla fine, quando noi cinque siamo stati messi insieme in una band.

Eravamo emozionatissimi e ci siamo scambiati i numeri di telefono prima di tornare a casa. Avevamo deciso che dovevamo cominciare a provare insieme e forse anche conoscerci meglio prima di andare nelle case dei giudici; altrimenti, una volta lì, non avremmo avuto la minima idea di cosa fare.

Ci siamo messi d'accordo per trovarci a casa del patrigno di Harry, e siamo andati a stare nel bungalow che c'è in giardino. Era un po' piccolo per noi cinque, anche perché c'era una sola camera da letto, ma lo avevano appena rinnovato, perciò era carinissimo e noi abbiamo dormito sui divani o su dei materassi gonfiabili. È stato un'occasione magnifica per fare amicizia e per me è rimasta una delle esperienze più belle da quando sono nella band, perché tutto è cominciato da lì. Giocavamo a pallone nel giardinetto davanti a casa e facevamo casino. Ogni sera ci ripetevamo che la mattina dopo ci saremmo svegliati alle nove per cominciare a provare e invece ci svegliavamo a mezzogiorno e guardavamo la tv. Ma è andata bene così perché è stata un'opportunità per conoscerci meglio prima di iniziare a lavorare insieme sul serio. Alla fine tutto è successo con grande naturalezza – ci siamo trovati bene tra noi e siamo subito diventati grandi amici.

Durante tutto il tempo che siamo stati lì è stato uno sballo. Andavamo a mangiare nei pub dei paesini di campagna e a prendere il gelato nella fabbrica che c'era vicino alla casa di Harry. Camminavamo anche per chilometri e chilometri: è stato un periodo rilassatissimo.

Una sera stavamo intorno al falò che avevamo fatto nel giardinetto di casa quando abbiamo sentito un grido venire dai campi. Era buio pesto e non si vedeva niente, ma Liam si è improvvisamente trasformato in Superman. Zayn è entrato nel bungalow, ha preso un bastone e ci ha arrotolato attorno un panno per fare una torcia – sembrava di essere in una scena di *Braveheart*! – e poi sono andati a caccia di chi aveva gridato. Solo quando il nostro eroe ha scavalcato lo steccato e ha visto un gigantesco cavallo che correva verso di lui, abbiamo capito che Liam non era il duro che ci era sembrato all'inizio! È tornato subito indietro e ha saltato di nuovo lo steccato, correndo più in fretta che poteva – eravamo piegati in due dal ridere.

Comunque abbiamo anche fatto un po' di prove, davvero. Io e Liam ci eravamo portati dietro la chitarra e suonavamo certe canzoni a caso, tipo *Crawl* di Chris Brown, *She's the One* di Robbie Williams e *Fix You* dei Coldplay; le cantavamo insieme meglio che potevamo, anche se non è che avevamo ancora le idee chiare su cosa voleva dire cantare in gruppo.

In realtà non sapevamo neanche lontanamente cosa stavamo facendo e in pratica siamo partiti per Marbella sperando nella nostra buona stella, ma senza sapere veramente come ce la saremmo cavata. In Spagna abbiamo avuto un altro po' di tempo per conoscerci meglio e per capire come si comportava ognuno di noi nelle varie situazioni. Abbiamo preso ogni cosa molto sul serio, ma abbiamo anche trovato il modo di divertirci come pazzi. Volevamo approfittare a fondo di quell'occasione. Eravamo probabilmente la band più casinara di tutto *X Factor* – ogni due minuti la gente ci ripeteva di stare zitti!

Ireland

1
DIRECTION

Freshman

IL CORAGGIO DI SOGNARE

Il giorno che ci dovevano dire se saremmo passati alla fase finale ci siamo alzati prestissimo per fare colazione. L'atmosfera era tesissima. Non abbiamo saputo niente fino a metà pomeriggio e abbiamo passato tutto quel tempo a parlare di come ci sembrava che eravamo andati, e a cercare di distrarci e di riderci sopra.

All'inizio, quando ci avevano uniti nella band, Simon ci aveva detto che ci stava dando una grande opporunità e che si aspettava che gli dimostrassimo che ce la meritavamo, perciò stavamo facendo il massimo, non solo per noi stessi ma anche perché sentivamo di dovergli qualcosa. Ci aveva dato una seconda possibilità e noi dovevamo provargli che aveva preso la decisione giusta, che era valsa la pena correre quel rischio e puntare su di noi. (E direi che finora siamo riusciti a provarglielo!)

I minuti e le ore in cui sono stato lì ad aspettare quel verdetto sono stati tra i più lunghi della mia vita. Un 'sì' avrebbe cambiato le cose per sempre, continuavo a ripensare alle nostre performance – me le rivedevo una dopo l'altra nella mia testa e mi chiedevo se magari non avremmo potuto cantare meglio. È difficilissimo capire cosa pensa Simon quando ti guarda, perciò non sapevamo se ci avrebbe detto sì o no, e quando finalmente ci ha detto che eravamo passati, avrei voluto fare un salto di tre metri.

La prima cosa che abbiamo fatto, a parte abbracciarci, è stata chiamare le nostre famiglie. Non stavamo più nella pelle dalla contentezza, ma durante il viaggio di ritorno in aereo abbiamo cercato di controllarci e stare tranquilli perché insieme a noi c'erano anche gli eliminati.

Arrivato a Londra, ho preso subito un aereo per Dublino. Ci avevano detto che, a parte la nostra famiglia, non potevamo farlo sapere a nessun altro. Eppure la cosa era già su internet, per cui tutti continuavano a chiedermi se era vero e io continuavo a dire: "Dovrete aspettare di vederlo in tv".

Prima di entrare nella casa dei concorrenti di *X Factor* avevo due o tre settimane di tempo per stare a casa con la mia famiglia, ed è stato strano fare le valigie e partire, ma non vedevo l'ora di andare a Londra. Siccome non sapevo per quanto tempo

SICCOME NON SAPEVO PER QUANTO TEMPO SAREMMO STATI VIA, MI SONO PORTATO DIETRO TUTTA LA MIA VITA!

saremmo stati via, mi sono portato dietro tutta la mia vita! La mia stanza da letto era letteralmente vuota quando sono partito.

Una volta arrivati a Londra siamo rimasti in albergo per un paio di giorni, mentre finivano di preparare la casa. Poi siamo entrati, e quando ho visto quanto era piccola la nostra stanza, mi sono chiesto se ci saremmo riusciti a starci in cinque. Io sono un tipo ordinato, non mi piace il casino né vedere le mie cose fuori posto, mentre Louis è il più casinaro che io abbia mai conosciuto. Lasciava sempre tutto per terra e io dovevo continuamente rimettere in ordine dove passava lui. (Ripensandoci, adesso mi chiedo perché mai l'ho fatto!)

La stanza era un tale macello che un giorno che eravamo usciti per lavoro Esther della band *Belle Amie* si è messa a pulirla per noi, tanto le sembrava un orrore. Quando ha finito era pulitissima – ma non lo è rimasta per molto.

Michael Bublé è stato sicuramente il cantante più fico che ho conosciuto a *X Factor*. Sono un suo mega fan, e sono anche finito dentro le riprese per il suo documentario: sarà un ricordo che mi porterò con me per sempre. È un genio assoluto, e quando ha saputo che ero un suo grande ammiratore è venuto a conoscermi e si è presentato. Stavo per andare fuori di testa. C'è gente che dice che non è bene conoscere i propri idoli, ma non è stato decisamente il mio caso – Michael è un tipo fortissimo!

Ti mette incredibilmente a tuo agio, ed è talmente facile parlare con lui che a un certo punto mi sono reso conto che gli stavo dicendo: "Ho speso 240 euro per comprare i biglietti di un tuo concerto a Dublino, ma ho dovuto darli via perché mi avevano preso a *X Factor*!" E lui mi ha detto: "Accidenti, mi spiace, la prossima volta che vuoi dei biglietti per un mio concerto fammelo sapere e te li faccio avere io". Allora io me ne sono uscito con una delle mie battute e gli ho risposto: "No, Michael. Io rivoglio indietro i miei 240 euro". Lui è scoppiato a ridere e poco dopo mi ha fatto andare dietro le quinte del suo concerto, perciò non devo poi averlo offeso troppo.

Anche Katy Perry si ricordava di avermi visto al provino. Con Cheryl Lloyd ci siamo divertiti un mondo per tutta la durata di *X Factor*. Lei e Louis si lanciavano battutine

in continuazione e questo a lei piaceva un sacco. Sa come rispondere a tono quando le fanno una battutina. È una tipa spontanea. È come la ragazza della porta accanto, solo cento volte più bella.

FOLLIE NATALIZIE

Siamo usciti dalla casa di *X Factor* la mattina dopo la finale e c'era una strana atmosfera. La nostra stanza era un macello: c'era roba dappertutto e in un'ora sola dovevamo mettere in valigia i vestiti che ci eravamo portati per stare lì tre mesi. Fuori c'erano delle Mercedes ad aspettarci e io ho fatto: "Questa sì che è vita! Mi ci potrei abituare in fretta".

Siamo andati in un hotel nel centro di Londra per incontrare il nostro manager e scoprire cosa ci dovevamo aspettare per il futuro. Lui ci ha presentato dei piani incredibili, quindi non vedevamo l'ora di cominciare. Quella sera siamo andati alla festa per la fine di *X Factor*, una ficata pazzesca, ma non ci siamo scatenati troppo visto che la mattina dopo dovevamo svegliarci alle cinque.

Abbiamo fatto qualche concerto nei club e quattro giorni prima di Natale sono tornato a casa per rivedere la mia famiglia. E per dormire il più possibile. A casa mi sono rilassato tantissimo, ma siccome non avevo avuto tempo per comprare i regali di Natale sono andato prima di tutto a fare shopping. La gente mi fermava per strada per farmi i complimenti, e c'erano poster dappertutto con la mia foto con su scritto 'Buona Fortuna Niall' o 'Buona Fortuna One Direction'. Era una cosa surreale.

È stato un Natale un po' strano. Quasi non mi sembrava Natale perché mi ero perso i preparativi per via di *X Factor*. Il giorno di Natale ero così stanco che sono rimasto a letto fino alle undici, cosa che non faccio mai. A casa sono sempre il primo ad alzarmi. La mia famiglia e i miei amici non mi hanno mai trattato diversamente e mi hanno fatto gli stessi regali che mi fanno da sempre.

Per il pranzo di Natale sono andato da mia mamma in campagna, poi sono tornato in città per la cena ed è venuta tutta la mia famiglia. Come abbiamo capito in fretta, non era stata una buona idea, perché aveva fatto così freddo che le tubature si erano ghiacciate e non potevamo nemmeno tirare l'acqua in bagno (ha ha, brutti momenti, quelli!). Alla fine ci siamo dovuti spostare a casa di mio cugino che sta dall'altra parte della strada e continuare lì la cena.

La cosa buffa è che *X Factor* ha riavvicinato i miei. Adesso mia mamma si è risposata e io vado molto d'accordo con suo marito Chris, ma mio padre non lo conosceva bene. Siccome si parlavano spesso mentre ero a *X Factor* e andavano avanti e indietro da Londra per venirmi a vedere, hanno ricominciato ad andare d'accordo. Mi ricordo che una volta il mio patrigno era venuto a casa mia, aveva messo su la teiera e aveva cominciato a chiacchierare con mio padre. Allora ho chiesto a mio fratello Greg: "Ma è tutto vero?" In effetti mio padre e mio fratello non sono andati sempre d'amore e d'accordo, ma anche loro adesso si sono riconciliati, perciò posso dire che *X Factor* ha davvero riavvicinato tutta la famiglia. Anche mio padre e il padre di Matt sono diventati buoni amici, e tutti i genitori dei membri della band si mandano messaggi e si parlano al telefono. È la famiglia One Direction!

Durante le feste noi cinque siamo rimasti in contatto; mi ricordo di aver chiamato Louis per fargli gli auguri di compleanno la vigilia di Natale. Mi aspettavo che fosse fuori a festeggiare e invece non sentivo rumori dall'altra parte del telefono. Mi sa che anche lui era stanchissimo e voleva solo riposarsi.

A Capodanno sono uscito con i miei amici e un sacco di gente mi ha riconosciuto, ma conosco più o meno tutti dalle mie parti, perciò nessuno è venuto a darmi fastidio – volevano solo parlarmi.

APPASSIONATAMENTE AL LAVORO

Dopo Capodanno abbiamo suonato in diversi club in posti tipo Edimburgo, Leeds, Oxford, Hatfield, e anche a tanti *bar mitzvah* e a una festa di compleanno. E poi, naturalmente, siamo partiti per Los Angeles.

LA GENTE MI FERMAVA PER STRADA PER FARMI I COMPLIMENTI E C'ERANO POSTER DAPPERTUTTO

Andare in America è stato grandioso. Ci hanno anche fatti entrare nella business lounge e Liam, Harry e io ci siamo fatti fare dei massaggi mentre Louis e Zayn giocavano a biliardo. È stato tutto incredibile, un ottimo modo di iniziare il viaggio.

Quando siamo partiti una miriade di ammiratori erano venuti a vederci, ma erano andati al Terminal 5, noi invece partivamo dal 3 e perciò non siamo riusciti a incrociarli, il che ci è dispiaciuto moltissimo. Ne abbiamo visti però un bel po' quando siamo tornati, e sono sicuro che ne avete sentito parlare.

All'andata il volo è durato undici ore, ma io non ho chiuso occhio perché ero parecchio su di giri, ho solo guardato una buona dose di film. Quando siamo atterrati, ci hanno portato subito in albergo, abbiamo posato le valigie e siamo andati dritti dritti allo studio di Jim Henson. Lui è stato il creatore dei Muppets, perciò c'erano dappertutto peluche della rana Kermit. Lo studio sembrava un'enorme baita.

Abbiamo anche incontrato RedOne, il team di discografici che ha lavorato alla produzione degli album di Lady Gaga e di altri artisti pazzeschi. Tutti si sono comportati come se fossero persone qualunque. Abbiamo perfino conosciuto Randy Jackson, che è un tipo veramente forte. Poi è venuto fuori che anche Cher stava lavorando lì. Incontrarla è stato fantastico!

Io ero già stato a New York e a Boston, ma non avevo mai visto niente di simile a Los Angeles. Sono tutti in tiro lì – hai la sensazione che chiunque vedi diventerà una star! In più sono rilassatissimi, il che è proprio il massimo per me.

Mentre eravamo a Los Angeles abbiamo lavorato bene, ma abbiamo anche avuto tempo di uscire a cena e di fare shopping. A quel punto ci conoscevamo molto meglio ed eravamo totalmente a nostro agio quando stavamo insieme: era come essere in vacanza con quattro dei miei migliori amici.

Ci è dispiaciuto lasciare Los Angeles, ma eravamo anche contenti di tornare a casa. Non eravamo preparati, però, a quello che ci aspettava all'aeroporto di Londra. C'erano tantissimi fan e noi avevamo solo Paul, il manager del tour. Quelli del servizio di sicurezza dell'aeroporto sono venuti a darci una mano, ma c'erano anche tantissimi paparazzi, era un vero macello. Io soffro di claustrofobia, perciò sono entrato un po' nel panico quando abbiamo dovuto passare di corsa in mezzo a tutta quella gente e poi nasconderci nel gabbiotto all'uscita del parcheggio. Mi sono sentito veramente sollevato quando è arrivata la camionetta anti-sommossa della polizia. Ancora non ci credo che è successo – mi sembra come una specie di sogno assurdo. Una follia.

Abbiamo fatto le prove per il tour a Londra e a Wakefield, nel nord dell'Inghilterra. A Londra abbiamo provato con una band e abbiamo anche imparato dei nuovi passi e dei nuovi modi di muoverci sul palco. La nostra coreografa, Beth, era bravissima, e anche se all'inizio è stata un po' una faticaccia per alcuni di noi, penso che alla fine ce la siamo cavata tutti benone. A volte mi capitava di non riuscire subito a fare dei passi, ma una volta che prendevo il ritmo e mi abituavo alla cosa, credo di essermela cavata niente male. Zayn è migliorato tantissimo e adesso balla davvero bene. Sta tutto nell'avere fiducia in sé, no? E la sua fiducia aumenta di giorno in giorno.

La Light Structures di Wakefield è un'enorme costruzione in cui avevano tirato su il set che avremmo usato durante il tour. Siamo stati lì a ripetere all'infinito le nostre performance senza mai avere di fronte un pubblico. Era veramente strano cantare e ballare senza nessuno a guardarti, ma per noi è stato perfetto perché ci ha abituati a come sarebbero andate le cose la sera del primo concerto. Abbiamo anche avuto l'occasione di conoscere la troupe con cui avremmo viaggiato. Per fortuna era tutta gente simpatica e ci siamo divertiti un sacco. Sono bravo a ricordarmi i nomi e perciò li ho conosciuti tutti e sono uscito spesso con loro mentre eravamo in tour. Un evviva per gli autisti! Forza Fred, forza Bobby.

Siamo arrivati a Birmingham due giorni prima dell'inizio del tour, per la prova generale. E poi, improvvisamente, è arrivata la sera del primo concerto: ero pietrificato. C'erano 12.000 persone e io non avevo mai cantato davanti a più di mille persone in vita mia. L'arena era strapiena, sentivo la pressione che aumentava – era il momento in cui dovevamo dimostrare quanto valevamo. Non vedevamo l'ora di cominciare, ma allo stesso tempo eravamo nervosissimi. Volevamo fare un bellissimo concerto per i nostri fan, perché molti di loro ci vedevano per la prima volta.

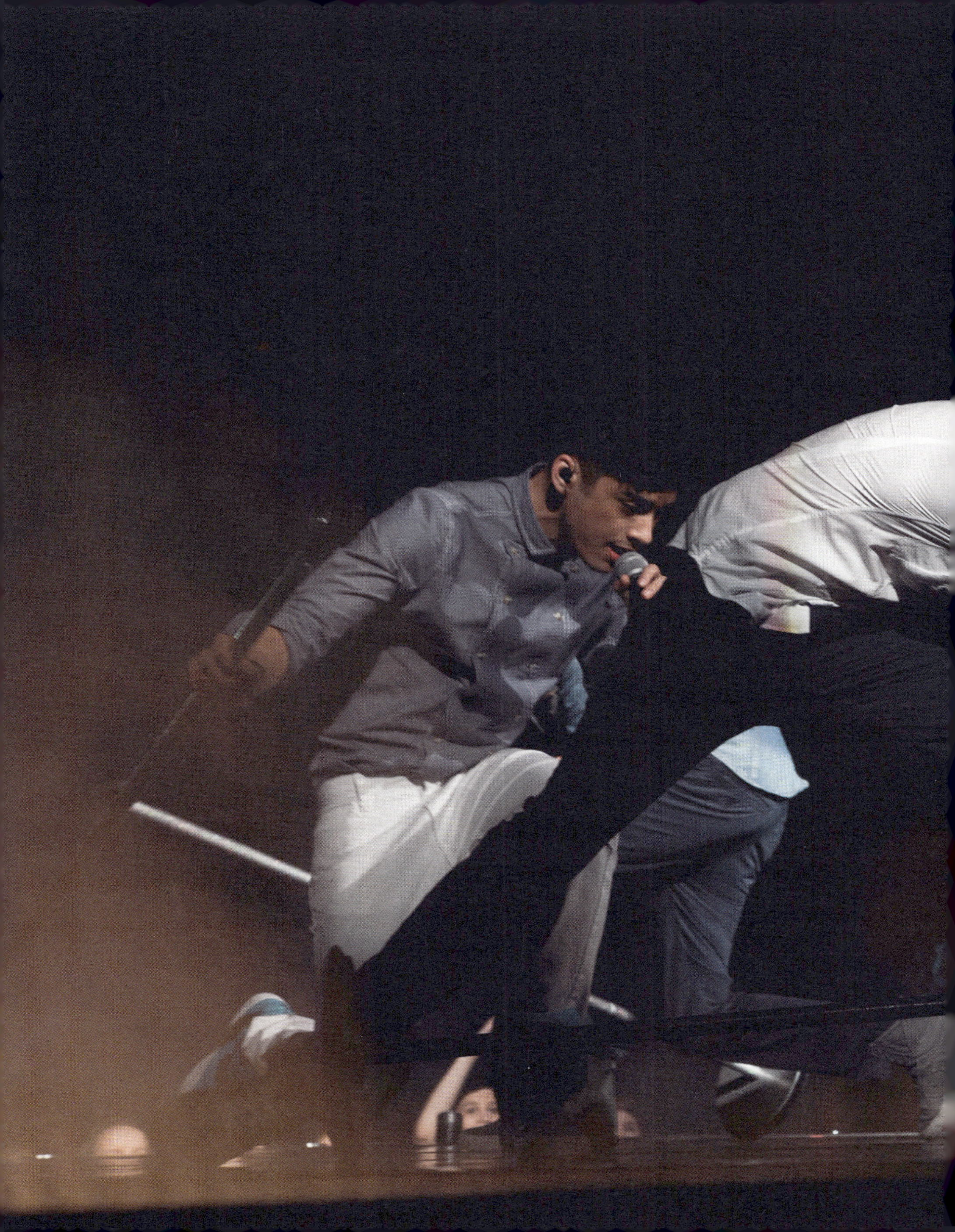

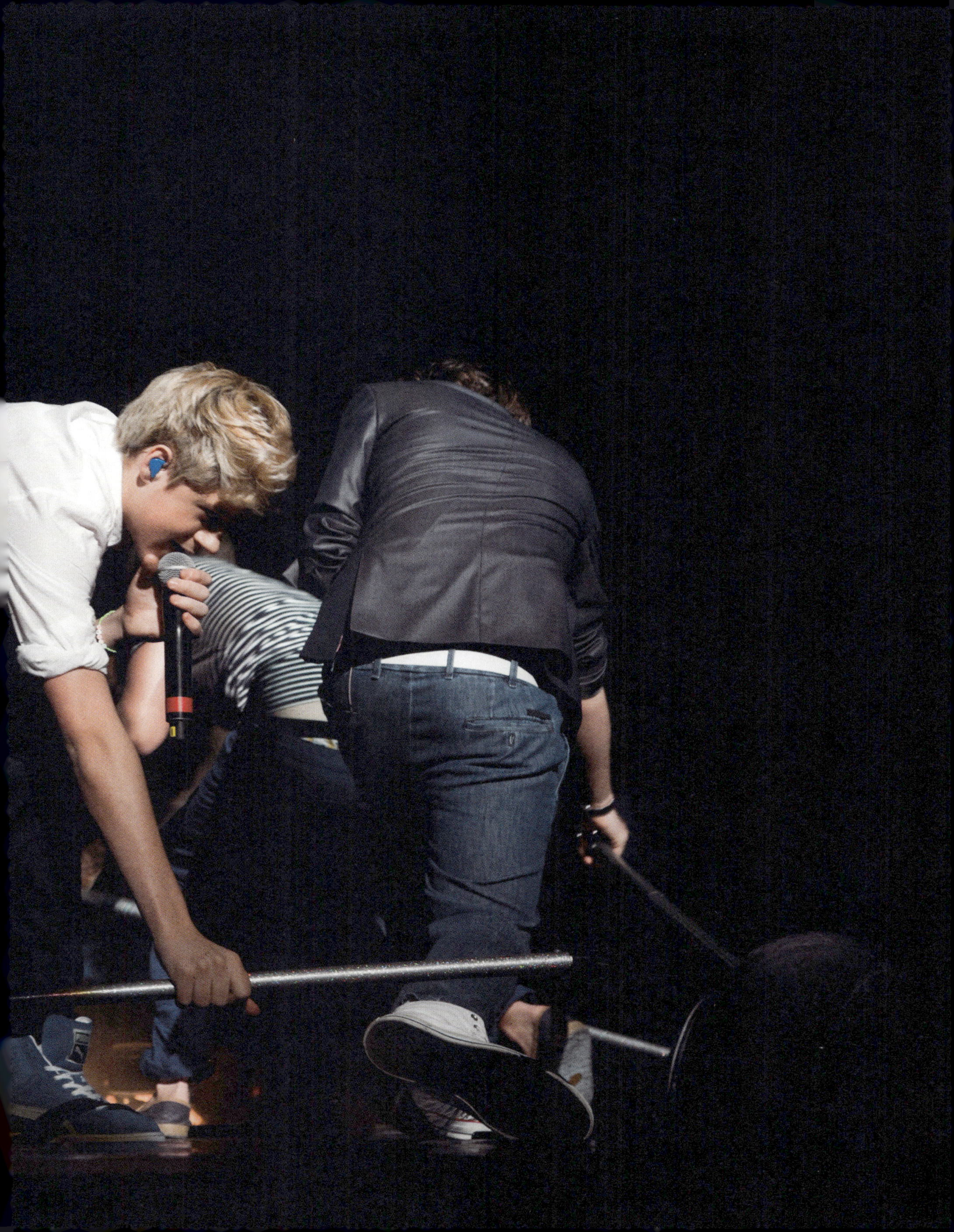

Alla fine è andata alla grande. Sono rimasto un po' scioccato quando ho visto la folla e tutte quelle luci, ma poi non riuscivo a smettere di sorridere. Nessuno di noi ci è riuscito. Dopo ci abbiamo messo un'eternità per calmarci da quanto eravamo gasati.

Incredibilmente non abbiamo mai combinato grandi casini durante il tour, a parte la famosa battaglia con la frutta.

Il cibo è sempre stata una parte importante del nostro tour. Il catering era buonissimo, e ogni sera prima di andare al bar o nelle nostre stanze andavamo fuori a prendere un po' di takeaway e ce le riportavamo in albergo, così abbiamo mangiato un bel po' di ottimo cibo cinese e un sacco di pollo Nandos.

Di tutti i posti in cui abbiamo fatto concerti, Dublino è stato probabilmente il mio preferito, e non solo perché sono di quelle parti. Il pubblico è stato incredibile. C'era un gran casino, e quando siamo usciti dall'arena mi sono sentito come se fossi stato per sette ore in aereo – avevo le orecchie otturate. Abbiamo fatto cinque concerti a Dublino, tutti rumorosissimi. La mia famiglia è venuta a vederci, avevano degli ottimi posti e alla fine sono tornati con noi in albergo per rilassarsi.

Da Dublino siamo andati a Belfast, alloggiavamo in un albergo davvero carino, e anche lì il pubblico è stato fantastico. A essere onesti, il pubblico è sempre stato fantastico dovunque siamo andati. Non ci riesco quasi a credere se penso a quanto sostegno ci hanno dato. Alcuni striscioni erano divertentissimi e abbiamo conosciuto una marea di fan. Molti avevano prenotato una stanza nei nostri stessi alberghi o ci aspettavano fuori per parlare con noi, e anche se la sicurezza ci stava un po' addosso, abbiamo passato con loro tutto il tempo che potevamo.

Ci tenevano sempre molto impegnati. Certo, di tanto in tanto ci lasciavano qualche momento per fare shopping o altro, ma facevamo anche tante interviste, servizi televisivi e meeting. È incredibile quanto erano diventate frenetiche le nostre vite in così poco tempo. Sapevo che sarei stato molto occupato, ma non so se mi ero mai immaginato che sarei stato così impegnato da subito. Non ci lamentiamo, però. Ci ricordiamo sempre di quanto siamo fortunati a trovarci in questa situazione.

Warning
Noise level of
85dB(A) or above
Ear protectors
must be worn

SAFETY BELTS
MUST BE
WORN
AROUND
WAIST

È quello che abbiamo sempre sognato di fare, perciò vale ogni sveglia all'alba o notte in bianco. Stiamo vivendo il momento più bello della nostra vita.

Durante il tour sono andato spesso al bar con gli altri della troupe, ma non è che facevamo party selvaggi; passavamo il tempo più che altro a stare tra noi e a chiacchierare. Quando scendi dal palco sei ancora elettrizzato, e per me è difficile andare dritto a letto, perciò era così che mi calmavo dopo un concerto. Spesso gli altri preferivano starsene in camera a guardare la tv, ma a volte scendevano anche loro al bar e allora chiacchieravamo del concerto e ci facevamo quattro risate.

Abbiamo trascorso tanto tempo con gli altri cantanti e con gli altri gruppi del tour di *X Factor*. Sentivamo la pressione quando eravamo in tv, ma nel tour erano tutti più sciolti. Era un altro tipo di pressione, e perciò ci siamo rilassati molto di più.

Anche in pullman scherzavamo sempre. Abbiamo fatto un po' di casino, ma la maggior parte del tempo dormivamo o cantavamo.

Wagner, il cantante, è stato una delle star assolute durante il tour. Raccontava sempre barzellette, anche se a volte ripeteva la stessa barzelletta sette volte al giorno. Paige Richardson era stato sempre piuttosto silenzioso a *X Factor*, ma durante il tour si è aperto, sembrava quasi un'altra persona. È un tipo divertente. Credo che per tutti quell'esperienza sia stata la più bella della vita.

Mentre eravamo in tour siamo andati a varie feste e il party finale è stato storico. Ci hanno raggiunto anche alcune persone della casa discografica, alcuni dei nostri manager, gli amici e i parenti, perciò eravamo un bel gruppo. Sono rimasto alla festa fino alle quattro di mattina e ho dovuto lasciare l'albergo alle cinque per andare in aeroporto e tornare a casa, perciò non ho dormito per niente. Vi potete immaginare quanto ero stanco il giorno dopo.

Non è stato un party scatenato. Non abbiamo fatto altro che starcene seduti a chiacchierare e a dire quanto ognuno di noi avrebbe sentito la mancanza degli altri. E ancora adesso ognuno continua a sentirla. Siamo rimasti in contatto con un sacco

DUBLINO È STATO PROBABILMENTE IL MIO PREFERITO, E NON SOLO PERCHÉ SONO DI QUELLE PARTI

di gente del tour su BBM e Twitter, perché eravamo un gruppo veramente unito e non vivremo mai più un'esperienza come quella.

Dopo il tour sono stato in vacanza in Spagna con mio papà e con Sean, il mio migliore amico. Lì abbiamo incontrato un po' di gente che conosciamo, è stato divertente. Sean si stava preparando per gli esami e ho deciso che aveva bisogno di una pausa, perciò ho pagato io il suo viaggio e a lui è piaciuto tutto da morire. È stato anche bellissimo passare del tempo con mio padre, perché non ero riuscito a vederlo molto durante il tour. Siamo andati in spiaggia e in piscina e abbiamo anche trovato un pub irlandese dove mangiare. Indimenticabile!

Qualche settimana dopo la fine del tour, ci è successa una cosa divertentissima. Zayn, Liam e io eravamo in non so quale dei grandi magazzini Tesco – non ricordo più dove eravamo perché stavamo andando in macchina da qualche parte e a un certo punto ci siamo fermati e siamo scesi lì – e c'era un tipo in fila davanti a noi con un cappello uguale a quello che porta sempre Matt Cardle. Eravamo lì che scherzavamo dicendo che magari Matt era in fila con noi quando improvvisamente il tipo si è voltato, ed era lui! Una coincidenza pazzesca. Quante probabilità ci sono che capiti una cosa simile?

Dopo il tour abbiamo ricominciato a lavorare all'album, collaborando con produttori di fama internazionale che hanno lavorato con i migliori artisti del mondo. È stata un'esperienza incredibile. Andare in Svezia è stato fantastico e tornare a Los Angeles, naturalmente, era la cosa che più stavamo aspettando. Abbiamo incontrato della gente importante e continuato a lavorare su alcune canzoni che avevamo cominciato a provare la prima volta che eravamo stati lì.

Lo scopo di questo album era ricreare il sound della band, fare qualcosa che nessun altro stava facendo in quel momento, e naturalmente divertirci durante le incisioni. Non volevamo starcene seduti su uno sgabello a cantare ballate. Volevamo fare grandi canzoni che avrebbero sorpreso la gente. Il modo in cui ha funzionato la scrittura a più mani è che ci sedevamo insieme intorno a un tavolo e ci facevamo venire delle idee. Volevamo essere parte del processo di scrittura, perché naturalmente tutti possono entrare in uno studio e registrare una canzone, ma magari non sai nemmeno di che cosa parla. C'è una bella differenza rispetto a cantare una canzone che tu stesso hai contribuito a creare. L'abbiamo detto subito che volevamo essere coinvolti a fondo e siamo stati molto fortunati ad avere questa opportunità.

Fare le presentazioni del nostro libro *Forever Young* è stato incredibile. Veniva sempre così tanta gente e c'era sempre un tale casino che uscivo con il mal di testa. Non c'era un solo momento di silenzio. Il sostegno che ci hanno dimostrato i nostri fan è stato magnifico. Mi hanno regalato sette paia di mega occhiali da sole a forma di quadrifoglio.

Ci piace da matti andare in giro e incontrare i nostri ammiratori, ci piace anche stare con la stampa e fare cose tipo interviste e servizi fotografici. Siamo stati a trasmissioni televisive di ogni tipo e più cose facciamo più ci sembra di crescere come band.

IL FUTURO RISPLENDE

Non mi ero reso conto di quanti ammiratori avevamo fino a che non siamo andati in tour. In qualunque posto andavamo loro c'erano, e appena scoprivano dove saremmo stati in albergo, si facevano trovare lì. A volte c'erano anche seicento ragazzi ad aspettarci quando uscivamo per andare al concerto. A Dublino hanno dovuto chiudere tutta la strada e fuori c'erano i fan che cantavano a squarciagola *Forever Young*. Incredibile. Harry si è messo a riprendere tutto, e non eravamo meno sconvolti quando abbiamo visto quella scena ripetersi ancora. Sono stato a vedere delle band come i The Script e i Westlife a Dublino, ma non avevo mai visto niente del genere.

Abbiamo i fan più straordinari del mondo. Una volta, mentre eravamo in un hotel di Richmond, c'erano delle ragazze che dormivano fuori nei sacchi a pelo o che avevano prenotato una camera sul nostro stesso piano. E poi ogni giorno, dopo la scuola, c'erano sempre quattro o cinquecento ragazzi davanti all'albergo. È pazzesco come si diffondono le notizie su dove ci troviamo.

IL CORAGGIO DI SOGNARE

Onestamente, non penso che nessuno di noi sia cambiato, e non penso che cambieremo in futuro. Se vi capitasse di passare una giornata con noi, vi accorgereste che siamo dei ragazzi normali a cui piace ridere e scherzare. Naturalmente la nostra vita di tutti i giorni è molto diversa adesso, ma non riesco davvero a immaginare qualcuno di noi che si monta la testa o pensa di essere speciale – ci prendiamo troppo in giro a vicenda perché possa succedere una cosa del genere! Certo, dobbiamo stare un po' più attenti quando facciamo cose come lo shopping, perché se ce ne andiamo in giro e la gente ci riconosce si può scatenare un casino, e quindi adesso lo shopping lo facciamo spesso via internet.

Sono ancora sorpreso da quanto le cose sono successe in fretta. Quando ci invitano in un programma radiofonico o ci chiedono un autografo, dobbiamo ancora darci dei pizzicotti per capire che è tutto vero. E siamo incredibilmente eccitati al pensiero di quello che deve ancora succedere. Abbiamo grandi idee riguardo a quello che vogliamo fare, e persino quando eravamo in tour, e ci stavamo divertendo come pazzi, eravamo eccitatissimi all'idea di tornare in studio per iniziare a lavorare sull'album. È perché non vediamo l'ora di farlo uscire, ma sappiamo anche che è importante non affrettare le cose ed essere sicuri di fare tutto per bene. Vogliamo tirare fuori delle canzoni che vadano in testa alle classifiche! E vogliamo soprattutto andare ai BRIT Awards – speriamo di avere una nomination l'anno prossimo.

Siamo molto emozionati per il documentario, perché mostrerà un lato diverso di noi. All'inizio ci divertiva avere delle telecamere che ci seguivano come a *X Factor*, ma poi ci siamo talmente abituati alla cosa che non ci accorgevamo neppure che c'erano. Perciò, chi può dire che cosa riveleremo nel documentario?

Lo stesso vale per il tour. Abbiamo dei piani pazzeschi anche per quello, e ci verranno in mente nuove idee fino all'ultimo minuto. Vogliamo che sia il più bel concerto che i nostri fan abbiano mai visto.

Nel 2012 vorrei che continuassimo a fare quello che stiamo facendo e che diventassimo ancora più bravi, più grandi e più forti. Voglio andare dappertutto e fare qualunque cosa! E vogliamo che voi siate sempre con noi lungo tutto il percorso.

A BRUCIAPELO

DATA DI NASCITA: 13/9/1993

SEGNO ZODIACALE: Vergine

Le cose che mi piacciono di più...

FILM: *Grease*, *Il Padrino*, *Quei bravi ragazzi*

PARTE DEL CORPO: I miei occhi

CIBO: Pizza, Nandos

ALBUM: *Crazy Love* di Michael Bublé

AMICO: I miei amici Sean, Scott, Dillan e Brad

CELEBRITÀ FEMMINILE: Cheryl Cole

NEGOZIO: Topman

BEVANDA: Acqua e Coca-Cola

COLORE: Blu

TELEFILM: *Due uomini e mezzo*

DOPOBARBA: Armani Mania (è il più vecchio degli aftershave di Armani ancora in commercio, ma penso che sia il migliore)

PROFUMO: Chanel Blue, Victoria's Secret

VIDEOGAME: Fifa

IPHONE APP: Flick Kick Football, Sky Mobile

IL TUO MODO DI PASSARE LA DOMENICA: Dormire il più possibile

IL POSTO PER UN APPUNTAMENTO: Nandos

PAESE: Irlanda

RISTORANTE: Nandos

IL TUO MODO DI RILASSARTI: Suonare la chitarra

MEZZO DI TRASPORTO: Aeroplano

SERATA: A Mullingar, scherzando con i miei amici

BAND: The Script, The Coronas, The Eagles, The Kooks, The Doors, Thin Lizzy, Take That e Westlife

DI CHE COLORE È IL TUO COPRIPIUMINO? Bianco e nero

CHE TIPO DI INTIMO PORTI? Boxer della Calvin Klein (oggi porto quelli dei Simpson).

IL TUO PRIMO ANIMALE DOMESTICO: Due pesci rossi di nome Tom e Jerry che mio fratello ha ucciso dandogli troppo da mangiare

PREFERISCI STARE DA SOLO O CON GLI ALTRI? Entrambe le cose. Mi piace stare con la gente, ma ho bisogno anche di stare da solo a volte

L'ULTIMO LIBRO CHE HAI LETTO: *Forever Young* degli One Direction

LE ULTIME CINQUE COSE CHE TI SEI COMPRATO: Una pizza, un paio di jeans, una bottiglia d'acqua, un paio di scarpe da ginnastica e un Macbook Pro

CHE TIPO DI RAGAZZE TI PIACCIONO? Voglio una ragazza che sappia scherzare, a cui piaccia ridere e che ami le cose che amo io – se esci con me, devi essere pronta ad andare a una partita di calcio. Sono un tifoso del Derby County e lo sono sempre stato. Mi piacciono le ragazze acqua e sapone.

ZAYN MALIK

GIORNI FELICI

Sono cresciuto in una famiglia numerosa, con due zii e cinque zie dalla parte di mio padre. Sono tutti sposati e hanno figli, perciò ho un sacco di cugini. Non saprei esattamente quanti, ma devono essere come minimo una ventina. Siamo molto legati tra di noi – questi cugini di primo grado sono come fratelli e sorelle per me.

Ho anche tre sorelle e io sono l'unico figlio maschio. Non ci sono molti maschi nella mia famiglia allargata – saremo probabilmente cinque o sei in tutto – quindi sono sempre cresciuto in mezzo alle donne. Questo ha avuto decisamente un effetto importante sulla mia personalità, e fin da ragazzino ero molto sensibile. Penso anche di riuscire a capire le donne meglio di tanti altri maschi, a essere sincero. Sono stato vicino a mia madre e alle mie sorelle durante i loro alti e bassi e ci sono stati dei momenti in cui avevo assolutamente bisogno di chiudermi nella mia stanza per starmene da solo, ma adesso questo genere di esperienze mi sono utilissime quando si presentano certe situazioni.

Mia sorella Doniya è la maggiore, poi ci sono io, poi Waliyah e infine Safaa, che ha dieci anni meno di me. Waliyah è come Megan della sitcom Drake & Josh, una ragazza davvero in gamba, e dà sempre dieci punti a tutti.

IL CORAGGIO DI SOGNARE

Mi piace pensare di essere un ottimo fratello maggiore per le mie due sorelline. Mi prendo cura di loro ma ho anche un carattere forte, e se devono mettere a posto la loro stanza o roba del genere, glielo dico e loro mi ascoltano. In generale, comunque, penso di essere piuttosto buono con loro. Ogni volta che ho un po' di soldi gli compro dei regali, e sono sempre in cerca di qualcosa che a loro potrebbe piacere.

Il primo ricordo che ho è di quando a tre anni sono andato a una sagra con mia nonna e mia mamma. Tutto mi sembrava enorme, mi ricordo ancora le luci che brillavano dappertutto e l'emozione di andare in giostra.

Ero un po' tremendo da piccolo, perché ero un bambino iperattivo. Tipo che rimbalzavo contro i muri e saltavo da una stanza all'altra fino a che non ero sfinito. Anche quando eravamo dentro casa mia madre mi metteva nel passeggino e mi faceva stare lì perché non stavo mai fermo. Avevo una scorta di energia inesauribile. Ma allo stesso tempo ero piuttosto introverso e se c'era qualcosa che non andava mi tenevo tutto dentro. Penso di essere stato il solo bambino che voleva starsene per conto suo; ho passato un mucchio di tempo da solo quando ero piccolo. Avevo la mia cameretta e stavo lì a giocare per conto mio. Insomma, ero un tipo indipendente e lo sono ancora, per certi versi.

Non sono andato all'asilo perché ero legatissimo a mio padre e a lui piaceva tenermi con sé, perciò ho cominciato ad andare a scuola quando ho fatto la primina. La notte prima di cominciare non sono riuscito a dormire, ero iper eccitato all'idea di mettermi l'uniforme della scuola.

Per tutta la primina non abbiamo fatto altro che giocare con la sabbia e fare casino. Oltre a questo mi ricordo solo che le sedie in classe erano davvero basse e che quando ci raccontavano una storia ci sedevamo per terra sul tappeto.

Ero bravo in inglese e ho imparato a leggere quando ero ancora molto piccolo. A otto anni sapevo leggere più o meno come uno di diciotto. Mio nonno era sempre lì a farmi leggere tantissimi libri perché era orgoglioso di quanto ero bravo.

 NELLA PAGINA ACCANTO: **ADORAVO CANTARE FIN DA PICCOLO. A SEI ANNI, CON CHITARRE E MICROFONO, SOGNO GIÀ DI DIVENTARE UNA STAR!**

TOY
STORY

IL CORAGGIO DI SOGNARE

È finita che ho fatto l'esame d'inglese di terza media un anno prima e ho preso il massimo dei voti. Volevo rifarlo e prendere anche la lode, ma non me l'hanno permesso. Mi hanno fatto studiare molta più matematica, invece, il che mi è sempre sembrato assurdo perché la detesto. Ho anche frequentato corsi di disegno nelle varie scuole che ho fatto, e direi che ho un certo talento. Ho preso da mio papà che è un artista formidabile, e ancora adesso mi piace disegnare e dipingere. Sto anche pensando di fare altri disegni e di caricarli sul nostro sito, perciò tenetelo d'occhio.

Nella prima scuola elementare che ho frequentato non avevo molti amici, ero uno che se ne stava sempre per i fatti suoi. Dopo due anni mi sono trasferito in un'altra scuola, e lì ho incontrato un tipo che si chiama Sam. Ci andavo d'accordissimo ed è stato il mio miglior amico fino a che non ho lasciato quella scuola. Sono sempre stato il genere di persona che ha un solo amico del cuore e tendo a essere ancora così. Ovviamente sono legato agli altri ragazzi della band, ma non sono mai stato uno che ha bisogno di avere sempre intorno un sacco di gente.

Ancora adesso mi ci vuole un po' di tempo e devo arrivare a conoscere qualcuno piuttosto bene prima di essere completamente me stesso. Non mi apro con chiunque. Per quanto mi diverta incontrare gente nuova, mi piace conoscere bene le persone prima di considerarle veri amici.

Mi sono sempre sentito un po' fuori posto nelle prime due scuole che ho frequentato, perché in classe ero l'unico di sangue misto. Mio nonno Mohammed è nato in Pakistan e mio padre in Inghilterra. Mio nonno materno era irlandese e mia nonna inglese, perciò ho sangue irlandese, inglese e asiatico nelle vene, un mix niente male. Mio nonno ha la pelle chiarissima e gli occhi verdi, e tutto quel ramo della mia famiglia ha gli occhi chiari.

Dopo il primo anno alle medie io e mia sorella Doniya ci siamo traferiti in un'altra scuola perché a lei non piaceva quella dove eravamo. Nella nuova c'erano molti più ragazzi figli di immigrati, perciò ho iniziato a sentirmi più a mio agio. Per di più, tutte le ragazze volevano sapere chi era questo nuovo arrivato, ed è stato a quel punto che ho cominciato a sentirmi un fico.

Avevo dodici o tredici anni e per la prima volta tenevo molto al mio aspetto. Mi svegliavo anche mezz'ora prima di mia sorella per farmi i capelli come volevo io. Fin da quando avevo cinque anni era mio padre a tagliarmi i capelli, perciò mi aiutava anche a pettinarmeli. Quando sono diventato più grande mi sono messo a farmeli da solo e mi sono fissato con la moda e con le ragazze. Penso che quello sia stato il momento in cui sono diventato il ragazzo che sono oggi, per lo meno in termini di aspetto e di sentirsi fichi, anche se non lo ero.

Mi sono fatto un paio di tagli piuttosto azzardati nel corso degli anni; quando ero più piccolo qualche volta mi sono rapato a zero e mi sono pure rasato le sopracciglia a strisce come uno di quei rapper del ghetto, così mi sembrava di avere l'aria da duro. Ho avuto anche la mia fase da tamarro, quando andavo in giro con i pantaloni della tuta portati bassi e le felpe con il cappuccio. Di nuovo, mi sembrava di essere uno strafico, ma a ripensarci probabilmente non lo ero poi tanto...

A scuola mi piaceva tantissimo fare teatro e nel periodo delle medie ho anche avuto una parte in *Grease*. Ero troppo basso per il ruolo del protagonista, ma hanno aggiunto apposta due nuovi personaggi, due giovani T-Bird, per me e un altro ragazzo che si chiama Aqib Khan. Aqib sta andando alla grande adesso – ha fatto l'attore protagonista nel film *West is West* –, sono davvero contento per lui. Eravamo buoni amici ai tempi della scuola e abbiamo recitato varie volte insieme. Io ho fatto una parte anche nelle *Mille e una notte* e sono stato il protagonista di *Piccoli gangsters*, un'esperienza favolosa.

Adoravo stare sul palco e diventare qualcun altro. Ho sempre trovato che entrare in un personaggio era veramente liberatorio e recitare mi dava ogni volta una scarica di adrenalina. Cantare mi interessava meno, all'epoca. Sono entrato nel coro solo perché me l'ha chiesto l'insegnante di musica, la signora Fox, e così cantare ha cominciato a far parte della mia vita, ma fino a quel momento non pensavo a nient'altro che a stare sul palco e recitare.

Nel mio corso di recitazione c'era un certo Danny, ci siamo presi subito e siamo diventati buoni amici. Aveva uno o due anni più di me, perciò stando con lui

SOPRA: **POPCORN E TORTA — IL MODO PERFETTO DI FESTEGGIARE IL MIO QUARTO COMPLEANNO!**
NELLA PAGINA ACCANTO: **UNO DEI MIEI PRIMI SERVIZI FOTOGRAFICI**

MI PIACE
CONOSCERE BENE
LE PERSONE PRIMA
DI CONSIDERARLE
VERI AMICI

ho cominciato ad andare in giro con un mucchio di ragazzi più grandi. Siamo anche diventati amici con suo fratello Anthony, che ha due anni meno di me, e ho cominciato a uscire spesso con loro due, andavamo al cinema ed eravamo sempre in giro insieme, e siamo diventati una specie di piccola banda. Ancora adesso sono i miei due migliori amici e ci teniamo sempre in contatto.

Fino a sedici anni ero veramente basso per la mia età. Poi di colpo, durante le vacanze estive tra la seconda e la terza superiore, sono cresciuto un casino. Mi ricordo che avevo continuamente fame e che mi facevano male le gambe, e mia mamma non riusciva a capire che cos'avevo, ma penso che siano stati i dolori legati alla crescita. È stato come andare a letto una sera e svegliarsi più alti la mattina dopo. Erano tutti sconvolti quando mi hanno rivisto dopo le vacanze. Prima anche parecchie ragazze erano più alte di me e poi, all'improvviso ero io più alto di loro, e penso che molti non riuscissero a credere ai loro occhi.

Ho baciato una ragazza per la prima volta quando avevo nove o dieci anni. Ero così basso che ho dovuto prendere un mattone e appoggiarlo al muro, così potevo salirci ed essere alto quanto lei. Mi ricordo che ho pensato "Bleaah, ho appena baciato una ragazza, che schifo". Le avevo dato giusto un bacetto, ma avevo la paranoia che tutti lo scoprissero. Pensavo che la gente me lo vedesse scritto in faccia che avevo baciato una ragazza.

Le ragazze hanno cominciato a interessarmi veramente intorno ai dodici, tredici anni. Venivano da me e mi chiedevano se avevo voglia di uscire con una loro amica. Ho avuto la mia prima vera ragazza intorno ai quindici anni, e siamo stati insieme per circa nove mesi. A parte quella, ho avuto solo altre due o tre storie serie.

Non direi che ho un mio tipo ideale. Crescendo sono diventato meno superficiale, e adesso la personalità di una ragazza conta tanto per me. Una può anche essere la più bella del mondo, ma se poi è noiosa non c'è bellezza che tenga. Con me devi avere qualcosa per stimolarmi, anche intellettualmente.

UN PASSO DA GIGANTE

Fin dall'inizio tutta l'esperienza di *X Factor* è stata veramente pazzesca. A scuola non ero mai stato uno che avrebbe partecipato a una cosa del genere, ma la mia professoressa di musica diceva che ci dovevo provare. La prima volta che ho preso in mano il modulo d'iscrizione avevo quindici anni, ma me la sono fatta sotto e non l'ho riempito. È andata così anche l'anno dopo, ma a diciassette anni, quando ho avuto di nuovo in mano il modulo, ho finalmente trovato il coraggio di riempirlo. Però, quando è arrivato il giorno dell'audizione, non volevo andarci! Me ne stavo a letto senza la minima intenzione di alzarmi, è stata mia mamma, alla fine, che mi ha detto che dovevo alzarmi e mi ha costretto a vestirmi e a uscire di casa.

Avevo paura di essere scartato, credo, perciò quando ho cominciato a superare una selezione dietro l'altra non riuscivo quasi a crederci. Pensavo che mi stavano facendo passare così per scherzo e che stavano tutti ridendo di me e di quanto ero scarso.

L'esperienza di *X Factor* è arrivata come un ciclone, e quando ci sei in mezzo è difficile rendersi bene conto di cosa ti sta capitando. Succede tutto a una velocità pazzesca e da un giorno all'altro ti ritrovi a passeggiare sul red carpet e a incontrare gente famosa e a cantare davanti a milioni di persone. Quando ci ripenso adesso, mi rendo conto che è stata una cosa massacrante. Durante *X Factor* dormivamo pochissimo e lavoravamo senza mai fermarci, mi sembrava di essere al servizio militare. Non guardi la tv, non sai cosa sta succedendo nel mondo esterno: l'unica cosa che ti interessa è la gara, e finisce che ti senti un po' staccato dalla realtà.

Quando sono entrato a *X Factor* avevo appena finito la terza superiore, e al mio liceo mi hanno detto che ci sarebbe stato sempre un posto per me se volevo tornare indietro. Ma appena ho cominciato quell'esperienza, ho capito subito che quella era esattamente la vita che volevo fare. *X Factor* mi ha cambiato tantissimo come persona. Ero un tipo introverso e facevo fatica a rivolgere la parola a qualcuno che non conoscevo. Anche quando mia madre mi chiedeva di prendere un appuntamento dal dottore per una visita, io non sopportavo l'idea di dover parlare al telefono con un estraneo. Adesso incontro i fan e andrei avanti a chiacchierare con loro per secoli. *X Factor* mi ha dato più fiducia in me stesso e mi ha insegnato a parlare alla gente, è una cosa di cui sono davvero contento.

IL CORAGGIO DI SOGNARE

Come band noi siamo molti uniti, ma per certi versi stiamo ancora imparando a conoscerci. La prima volta che abbiamo veramente legato dopo la fine di *X Factor* è stato quando siamo andati a casa del patrigno di Harry. A ripensarci, in effetti, non è che ci conoscessimo così bene fino a quel momento. Ci avevano dato questa incredibile opportunità di diventare una band, ma la prima cosa che mi era venuta in mente quando mi era passata l'eccitazione del momento era stata: "Come diavolo faremo a organizzare tutto quanto se veniamo da posti così diversi?" Per fortuna Louis e Harry sono un po' più organizzati di me, e allora se ne sono venuti fuori con questo piano di trovarci tutti insieme e di stare nel Cheshire perché era un posto facile da raggiungere per ciascuno di noi.

Così ci siamo dati appuntamento lì per trovarci e stare insieme, io sono arrivato tre giorni dopo gli altri perché c'erano delle questioni di famiglia che dovevo risolvere. Appena arrivato, ho capito subito che quando delle persone non si conoscono ancora bene, passare tre giorni insieme come avevano fatto loro fa una grossa differenza, perciò mi sono sentito un po' fuori dal giro e all'inizio è stata una situazione un po' strana.

Per fortuna sono tipi veramente simpatici e sciolti, e ben presto mi sono sentito parte del gruppo. Ci sedevamo fuori a cantare intorno al fuoco, guardavamo la tv e mangiavamo. Stavamo imparando a conoscerci senza nemmeno rendercene conto.

Mi sono legato a Louis molto in fretta perché ci somigliamo sotto tanti aspetti, ma lui è stato anche, per la stessa ragione, quello con cui ho avuto più discussioni. Harry è un tipo super simpatico, e sono andato subito d'accordo con lui, ma probabilmente quello con cui mi sono trovato meglio è stato Liam, perché è un tipo piuttosto serio e determinato. Mi sono anche accorto subito che Niall è davvero fuori di testa. È uno spasso, e non si ferma mai. Dev'essere una faticaccia essere lui!

Durante quel periodo nel Cheshire dovevamo fare le prove tutti insieme e diventare una vera band, ma non avevamo la minima idea di quello che stavamo facendo. Eravamo quasi tutti abituati a cantare da solisti, perciò quella era tutta un'altra cosa. La nostra idea di armonia erano cinque voci maschili che cantano contemporaneamente.

LA NOSTRA IDEA
DI ARMONIA ERANO
CINQUE VOCI MASCHILI
CHE CANTANO
CONTEMPORANEAMENTE

Stavamo anche cantando delle cose che ci sembravano fiche, come Jason Derulo e Jay Sean, ma che erano completamente sbagliate per noi.

A essere sinceri, stavamo solo provando un po' a casaccio, in quel periodo. Non era come se stessimo pensando "adesso andiamo e diventiamo una famosissima boy band", volevamo solo provare a passare le eliminatorie nelle case dei giudici. Parlavamo di restare uniti comunque, anche se non avesse funzionato, ma non mi è mai capitato di fare chissà che progetti per il futuro, perché volevo fare una cosa per volta. Ogni volta che facevamo un piccolo passo avanti, per noi era una grande conquista, che saldava ancora più il nostro legame.

Il periodo nelle case dei giudici a Marbella è stato probabilmente quello in cui ci siamo davvero sentiti un gruppo. È stata la prima volta in cui abbiamo fatto un'audizione come band cantando davanti a Simon Cowell, e questo ci ha dato molta convinzione.

Quello è stato anche il mio primo viaggio all'estero. Eravamo in un posto incantevole, non mi dimenticherò mai quell'esperienza. Prima di iniziare *X Factor* non avevo neanche un passaporto. A dir la verità non era mai stato neppure a Londra prima di fare l'audizione. Il posto più lontano da casa dov'ero stato era Birmingham, per andare a fare shopping, perciò ho sperimentato molto in fretta una valanga di cose nuove.

La casa dei giudici è stata una cosa massacrante, abbiamo fatto un sacco di dirette e prove in studio, perciò anche se non era previsto che potessimo uscire, Louis e io abbiamo fatto un po' i furbi e abbiamo tagliato la corda due o tre volte, giusto per staccare un po'. Siamo andati in un ristorante a prenderci delle pizze fantastiche, per poi mangiarcele in spiaggia tra una chiacchiera e l'altra. Dalla stanza del nostro albergo si vedeva la spiaggia e per me era davvero un sogno – non avevo mai visto niente del genere. Mi ricordo di essermi divertito un mondo per tutto il tempo in cui sono stato in Spagna. È stato favoloso.

Superare le eliminatorie in Spagna e sapere che avrei lasciato casa mia e sarei entrato nella casa di *X Factor* è stata una sensazione un po' strana. Prima non ero mai stato via da casa per più di qualche giorno. Penso che sia stata piuttosto dura per la mamma, perché ero il suo unico figlio maschio e non voleva che andassi via. Ancora adesso piange ogni volta che torno a casa e poi riparto. Le devo dire sempre: "Mamma, non vado in guerra, vado a lavorare".

È stata dura salutare tutti e trasferirmi in questa casa che non avevo mai visto. Prima non avevo mai diviso una stanza con qualcuno e di colpo mi ritrovo con altri quattro ragazzi in una stanzetta con le brandine. Che è diventata subito un orrore. Puzzava come possono puzzare cinque ragazzi, ed era un vero casino. Io sono uno piuttosto organizzato e mi piace sapere dove sono le cose – credo che questo mi venga dall'essere cresciuto in mezzo a così tante donne – ma a molti degli altri ragazzi non fregava granché e buttavano le cose dappertutto. C'erano calzini sparsi qua e là sul pavimento, mutande appese ai lampadari e piatti sporchi. Non era carino.

Io mi ero portato quattro sacche con la mia roba e le tenevo sempre in ordine. Avevo una sacca con le cose da lavare e una con i vestiti puliti, ed erano posate vicino al letto insieme alle scarpe tutte ben allineate. Louis è il più disordinato. La sera si toglieva i vestiti per andare a letto e li buttava per terra. Poi alla mattina si svegliava e ci camminava sopra, prendeva altri vestiti dal guardaroba e lasciava quelli in giro per giorni interi. Provate a immaginarvi otto settimane così. Ogni tanto io e Liam mettevamo a posto la stanza, ma dopo qualche giorno era esattamente nello stesso stato di prima, perciò non aveva molto senso.

Detto questo, molti dei più bei ricordi che ho di *X Factor* riguardano la vita che abbiamo fatto dentro la casa. Ci divertivamo un mondo a giocare a qualsiasi cosa e a mangiare insieme. Anche camminare sul red carpet per la prima volta è stato davvero speciale. Non direi che è stato uno dei ricordi più belli, ma decisamente è stato uno dei più strani. Non avevo mai visto delle celebrità e tutto il fermento che le accompagna. Se mi fosse capitato di vedere una celebrità, non le avrei mai chiesto l'autografo o altro, perciò era strano vedere quanta eccitazione c'era in giro. Credo che sia per questo che mi sembra così curioso quando la gente vuole il mio autografo, perché sono solo io.

Ho imparato a gestire bene il fatto di essere sempre sotto i riflettori, comunque. Adoro i nostri fan e il sostegno che riceviamo dalla gente, è solo strano che la gente sappia

A VOLTE
È UN PO'
COME STARE AL
THE TRUMAN SHOW

chi sono senza che io mi debba alzare e presentare. La gente pensa di conoscerti già perché ti hanno seguito in tv e ti hanno visto crescere come artista durante l'esperienza di *X Factor.* A volte è un po' come stare al Truman Show. Molti pensano che sono tuoi amici prima di conoscerti, ma sono sempre tutti davvero carini con noi e io sono sempre felice di parlare con loro.

Incontrare Robbie Williams a *X Factor* è stato fantastico. Devo ammettere che prima non ero un suo grande fan, perché non mi interessava un granché quel genere di musica, ma mi sono completamente convertito appena l'ho conosciuto. Ha un carisma spaventoso e quando entra in una stanza lo si nota subito. Era così tranquillo e alla mano, e mentre gli altri avevano Rihanna, Christina Aguilera e Will.i.am che cantavano con loro, Robbie è rimasto con noi tutto il giorno e ha voluto conoscerci. Ecco perché sul palco si vedeva subito che avevamo una certa alchimia.

Hai presente quando assisti alla performance di un cantante e ti viene la pelle d'oca? Ecco, cantare con Robbie è stato così, ma moltiplicato per dieci. Avevo un sorriso da un orecchio all'altro: quando sarò vecchio potrò mostrare ai miei nipotini quel video e sentirmi fiero.

Il momento più triste vissuto durante l'esperienza di *X Factor* è stato quando mio nonno è morto. Era la tipica persona sempre buona e allegra, non faceva altro che ridere e scherzare. Ho dei bellissimi ricordi di lui, e li porterò con me per sempre.

Era ammalato da un po' di tempo e aveva avuto alcuni infarti, perciò ero preparato, sapevo che stava per succedere. Aveva un sacco di dolori e soffriva molto, perciò in un certo senso è stato meglio così.

È stato terribile non essere a casa quando è successo, ma sono stato davvero contento che ci abbia visti cantare *You Are So Beautiful* di Joe Cocker in tv – era la sua canzone preferita. Ha detto che voleva che fosse suonata quella versione al suo funerale e così è stato, ed è stato molto commovente ma anche molto bello. Tutti i ragazzi della band sono venuti al funerale per starmi vicino, ed è stato importante stare con loro tutto il tempo. Averli lì con me mi ha veramente aiutato.

STEWARD

ALLEGRIA NATALIZIA

Dopo la fine di *X Factor*, c'è stato il ritorno alla normalità, e ce ne siamo tutti andati a casa per Natale. Nella mia famiglia nessuno mi ha trattato diversamente ed è così anche adesso.

Per me è stato strano lo stesso, però, perché nella mia famiglia *X Factor* è sempre stato il nostro programma di Natale. Lo guardavamo insieme dall'inizio alla fine e ne parlavamo un sacco. Mi ricordo che l'abbiamo guardato con mia mamma l'anno che Alexandra e JLS sono arrivati in finale e poi ha vinto Joe McElderry. Adesso però c'ero io lì.

Per fortuna non era cambiato nient'altro del nostro Natale. Mi sono svegliato la mattina del 25 dicembre, ho trovato i regali, abbiamo fatto il pranzo... tutto come sempre. Mi hanno regalato un iPad, che volevo da matti, e poi un bagnoschiuma e un dopobarba, con le solite cose che riceve un ragazzo della mia età. Anch'io ho potuto comprare delle cose carine alla mia famiglia, perché avevo un po' di soldi. Alle mie sorelle ho preso dei bei regali e alla mamma qualche gioiello. È stato davvero fantastico poter fare regali così.

Tutti in famiglia mi hanno sostenuto tantissimo. Certe volte la mamma e il papà parlavano tra loro di *X Factor* e mi chiedevano cosa sarebbe successo dopo. So che gli ero mancato parecchio perché sono sempre stato molto con la mia famiglia. Non mi interessava uscire, quando ero a casa con i miei genitori e le mie sorelle ero la persona più felice del mondo, perciò capisco che per loro è strano non vedermi in giro.

Non è cambiato niente nemmeno con i miei amici Anthony e Danny. Non ci pensano neanche che adesso sto in una band. Dicono sempre che posso andare da loro ogni volta che mi va e stare lì con loro a giocare alla Xbox. Non vogliono niente da me.

Penso che sia un po' dura per certi miei parenti che fanno parte della famiglia allargata perché non vogliono dare l'impressione che per loro è cambiato qualcosa. Se fanno qualcosa per me non vogliono che io pensi che lo stanno facendo solo perché sto in una band, quando invece sono sempre le stesse cose che facevano per me anche prima.

IL CORAGGIO DI SOGNARE

La celebrità può far venire pensieri strani nella testa delle persone e a volte la gente si inventa delle preoccupazioni di cui non c'è davvero bisogno.

L'unica volta che ho notato davvero una differenza durante le vacanze di Natale è stato quando ho accompagnato Doniya, la più grande delle mie sorelle, a comprare il suo regalo. Aveva sempre voluto un paio di stivali della Uggs ma non ce li eravamo mai potuti permettere, così siamo andati a Leeds per vedere se li trovavamo. Non mi ero ancora reso conto che ormai mi riconoscevano tutti, ma una persona mi ha letteralmente sgamato e un minuto dopo tutti quelli che erano nel centro commerciale si sono bloccati. Si è formata una coda di gente che voleva farsi una foto con me e io ero lì tipo "che cacchio sta succedendo?". Anche mia sorella non voleva crederci, perché io sono solo il suo fratellino! A volte penso che per la tua famiglia sia perfino più difficile che per te rendersi conto di queste cose.

Adesso apprezzo ancora di più il tempo che posso passare in famiglia, perché quelle volte che torno a casa il tempo vola e cerco di godermi ogni minuto con loro. Per questo le vacanze natalizie sono state così belle. Siamo stati insieme il più possibile e ci siamo divertiti un mondo.

Mi sono sempre tenuto in contatto con i ragazzi durante quel periodo. Eravamo come quelle ragazzine che si dicono continuamente "mi manchi", "tutto ok?", "che fai?", "ti voglio bene". Avevamo passato così tanto tempo insieme che ci sembrava strano stare lontani. Era come essere di nuovo lontano dalla mia famiglia, in un certo senso.

Non mi sono venuti a trovare così tanti fan a Natale – penso che non sapessero nemmeno dove abito – ma da lì in poi hanno cominciato ad arrivare un sacco di cose nella cassetta della posta e per San Valentino mi hanno mandato di tutto. Certe ragazze che si sono messe a gridare sotto la finestra di mia sorella credendo che fosse quella di camera mia, ma penso che in generale la mia famiglia sia andata avanti a fare la sua vita come ha sempre fatto.

Devo anche dire che alcune tra le ragazze più popolari della mia scuola adesso sono proprio carine con me. Non ho mai avuto difficoltà con le ragazze, ma dovevo comunque fare qualche sforzo. Adesso non più. Ti rendi conto che la celebrità ti risparmia la fatica, ma io sono consapevole di chi va bene per me e di chi invece no e so sempre di chi posso fidarmi.

Natale è stata una specie di festa doppia per me e i ragazzi, perché sapevamo di aver avuto un contratto discografico, insomma qualcosa di grandioso. Appena siamo scesi dal palco dopo aver saputo di essere arrivati terzi a *X Factor* eravamo tutti un po' sconvolti. Io mi ero ripromesso di non piangere, ma avevo guardato verso Harry e lui era con sua mamma e piangeva a dirotto, e questo ha fatto scoppiare anche me in lacrime. Harry e io ci siamo abbracciati singhiozzando. Poi qualcuno ci ha detto: "Non è mica la fine, è solo l'inizio". Ma noi non avevamo la minima idea di quello che stava per succedere.

Penso che stavamo piangendo soprattutto perché *X Factor* era finito. Ci eravamo abituati a sentirci sicuri e protetti lì dentro e a sapere ogni giorno che cosa dovevamo fare, e di colpo si era concluso tutto. Era finita quella parte della nostra vita, anche se non era finita la nostra carriera.

Anche Niall era in lacrime, ma Louis stava provando a farci stare meglio e diceva che sarebbe andato tutto bene. Liam riusciva a mantenere la calma. Aveva ricevuto dei no varie volte prima di allora, perciò c'era come abituato, ma noi eravamo distrutti.

Ci hanno chiamati nel camerino di Simon Cowell e poi c'è stato un classico momento alla Simon. Eravamo seduti lì e lui ci guardava e sembrava che fossimo tornati di nuovo nelle case dei giudici. Poi all'improvviso ci ha detto: "Siete stati fantastici durante la gara. La Sony vi farà un contratto domani mattina". Harry ha ricominciato a piangere, eravamo sotto shock. Simon ci ha abbracciati e ha detto: "Andrà tutto bene, non preoccupatevi di essere arrivati terzi". Poi siamo andati insieme al bar di sotto. Potevamo dirlo solo alle nostre famiglie, a nessun altro che a loro, e ci sembrava di toccare il cielo con un dito.

Abbiamo fatto parecchie serate dopo la fine di *X Factor* e per me era tutto nuovo. Prima non ero mai stato neppure in un nightclub, anche se i miei amici ci andavano spesso, per cui anche quella è stata una nuova esperienza.

IL CORAGGIO DI SOGNARE

In tutta sincerità, prima di entrare nella band vivevo una vita tranquilla, noiosa e protetta. Mi piacevano le cose semplici, come starmene nella mia camera a giocare al computer, perciò tutto quello che mi è capitato dopo mi ha insegnato tantissimo.

Fin dall'inizio mi è piaciuto da matti fare le serate. Provavo un brivido nel trovarmi sul palco e nel vedere il mare dei nostri fan. La reazione del pubblico è stata incredibile. Le serate under 18 erano pazzesche, ma dopo le prime volte sapevamo ormai cosa aspettarci.

PIANI E CONCERTI

Si stava avvicinando Capodanno e volevo festeggiare tutto quello che era successo. Avevo anche pensato di starmene a casa con i miei amici, di bere qualcosa insieme e di passare una serata tranquilla, ma così non funzionava. Come ho detto prima, non sono mai stato uno di quelli che escono sempre, ma se c'era una volta in cui bisognava davvero andare fuori a divertirsi, be', era quella. Per di più ero stato invitato a un sacco di feste – anche da alcune persone che non conoscevo tanto bene.

I miei amici non vedevano l'ora di uscire e alla fine abbiamo passato una notte abbastanza folle, e io mi sono svegliato sul pavimento di un bagno che non era il mio. Mi sono alzato e me ne sono andato a casa a piedi, ed è stata la prima volta dopo tanto tempo che mi sono sentito normale. Dopo che mi ero abituato a muovermi sempre in macchina, è stato bello camminare nell'aria fresca del mattino e andarmene in giro per conto mio.

Subito dopo Capodanno sono tornato a Londra. Ancora una volta è stata dura salutare tutti, ma ero anche molto su di giri al pensiero di quello che mi avrebbe portato il nuovo anno. Abbiamo fatto una riunione per pianificare i nostri impegni per l'anno nuovo, che alla fine era strapieno. Era difficile renderci bene conto di quello che ci stava succedendo.

A quel punto ci siamo trasferiti in albergo, e da allora in poi non abbiamo fatto altro che passare da un albergo all'altro. Abbiamo intenzione di trovare un posto dove stare, ma

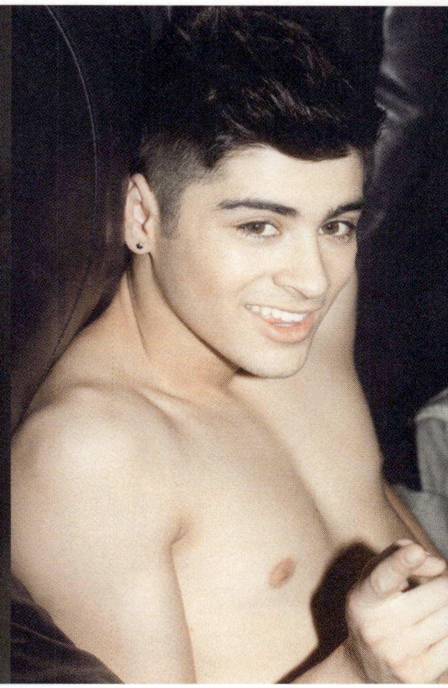

GUNS N
ROSES

finora non abbiamo proprio avuto il tempo. Abbiamo anche parlato di andare a vivere insieme, ma dato che passiamo già ogni minuto a stretto contatto abbiamo deciso che forse non è una buona idea. Liam vuole andare ad abitare con il suo amico e Harry con Louis. Ma Niall è uno scatenato mentre io sono un tipo tranquillo, e così siamo d'accordo entrambi che è meglio non abitare insieme. Non ne abbiamo fatto un dramma; siamo stati tutti e due assolutamente onesti quando ne abbiamo parlato. Così adesso stiamo cercando ognuno un posto dove stare.

Sarà una gran cosa per me andare ad abitare per conto mio in un posto nuovo e in una zona nuova. Finora non ho mai abitato a Londra, non ho mai vissuto per conto mio e ovviamente non sono mai stato famoso, perciò sto un po' facendo tutto in una volta. Ma sarà bello tornare ad avere un armadio invece di una valigia. Ormai sono diventato bravissimo a preparare le valigie, ma è molto più rilassante quando sai sempre dove sono le tue cose e hai una base, perciò avere un posto tutto per me farà una grossa differenza.

Abbiamo passato la maggior parte di gennaio a fare serate o a lavorare alle prime canzoni dell'album in vari studi di registrazione. Per me la parte migliore dello stare in una band è il tempo che passiamo in studio. Adoro la vita che facciamo quando ci troviamo lì tutti insieme e ordiniamo pizza a volontà! Lo studio è molto più divertente quando sei in una band perché c'è sempre qualcuno con cui fare casino, scherzare e scrivere le canzoni. Insieme abbiamo scritto gran parte dell'album, una cosa che adoro perché mi è sempre piaciuto scrivere poesie. Per me scrivere una canzone è come creare una poesia con una melodia in sottofondo. La vita che si fa in studio per me è il massimo.

In febbraio siamo volati a Los Angeles per lavorare un po' sull'album, ed è stato qualcosa di assolutamente pazzesco. Quello è tutto un altro mondo, anche se a un certo punto ero addirittura preoccupato che non sarei riuscito a entrare nel paese. Tutti gli altri della band avevano passato il controllo passaporti senza nessun problema, poi una signora mi ha fermato, ha fatto chiamare Paul, il nostro manager, e ha detto: "C'è un problema con lui. Deve andare sul retro". Mi hanno portato in una stanza e pensavo che mi avrebbero tenuto lì per ore, ma per fortuna la signora che è

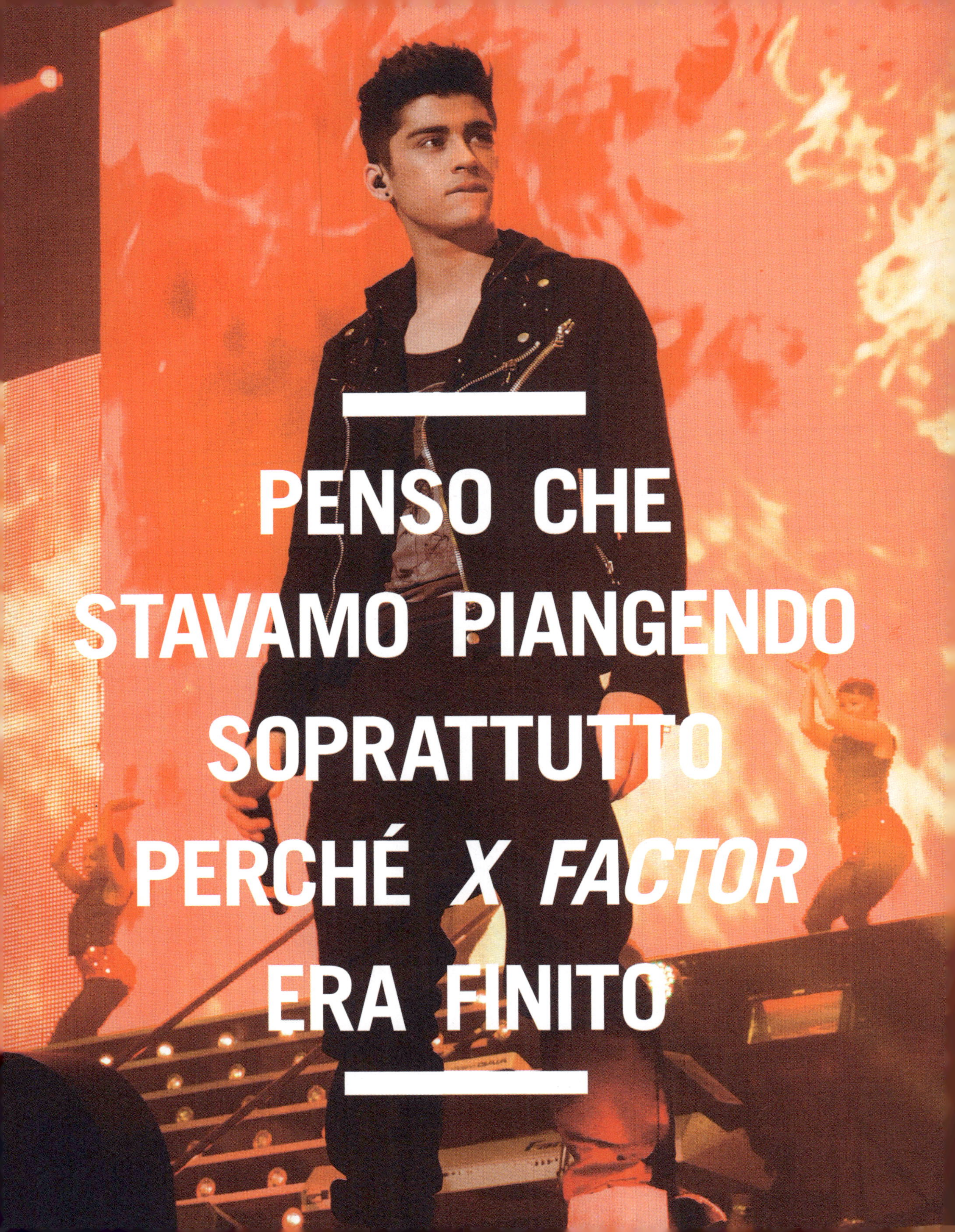

PENSO CHE STAVAMO PIANGENDO SOPRATTUTTO PERCHÉ *X FACTOR* ERA FINITO

venuta a parlarmi sapeva chi era Simon Cowell e sapeva che io ero in una band. Sono andati avanti un'ora a farmi domande su che cosa ci facevo lì e perché ero venuto in America. È saltato fuori che il mio nome era stato segnalato perché assomigliava a quello di qualcuno che stavano cercando, e che loro stavano solo facendo dei controlli. Mi hanno fermato anche alla dogana, ma anche quella volta è finito tutto bene grazie a un funzionario che è stato veramente gentile. È stato a quel punto che per me è davvero cominciata Los Angeles.

Tutto a Los Angeles è molto più grande che in Inghilterra. Le strade sono larghe il quintuplo, e qui anche una porzione normale di takeaway è grande quanto una large... e una large è come un secchio! Quando siamo arrivati all'hotel c'era questo tizio all'ingresso che ci ha salutati dicendo: "Oddio, sono arrivati i ragazzi. Come va? Entrate, entrate". C'erano delle persone che camminavano per strada e ti regalavano bottigliette d'acqua e ti auguravano buona giornata. Ve la immaginate una cosa del genere in Inghilterra? Sembra di essere nel paese delle meraviglie, lì a Los Angeles.

Stare in studio e registrare con il team di RedOne è stato fantastico perché loro sono davvero famosi e hanno lavorato con un sacco di artisti fortissimi. Ma sono comunque tipi normali e simpatici. Faceva caldo e c'era il sole, noi eravamo in pantaloncini e maglietta e ci siamo goduti ogni minuto. Siamo anche usciti e abbiamo mangiato da scoppiare.

Abbiamo fatto veramente tanto shopping da quelle parti. Adoro le scarpe da ginnastica alte e ne ho comprate a pacchi perché lì costano molto meno. Ricoprono persino le scarpe da ginnastica con una pellicola protettiva così non si sporcano quando le prendi in mano, mi piace che in America abbiano così tanto rispetto per le scarpe da ginnastica. Io le mie le ho sempre trattate con cura. Tenevo ogni paio in una scatola di cartone, così non si rovinavano.

Ho comprato un paio di Nike nere alte in edizione limitata che mi sono costate più o meno 300 dollari. Lo so che sono un mucchio di soldi, ma sono fantastiche. Le tengo nell'armadio di casa mia perché ho paura di mettermele.

Adesso mi sto abituando a viaggiare. Odiavo volare la prima volta che siamo andati in Spagna, ma adesso non ci faccio nemmeno caso. Mi mancava un po' l'Inghilterra, comunque. Abbiamo passato un periodo stupendo e non vedo l'ora di ripartire, ma mi sono sentito felice quando siamo atterrati a Londra. Poi però l'esperienza più pazzesca l'abbiamo avuta quando siamo arrivati a Heathrow. Ci avevano detto che c'erano duecento persone ad aspettarci, perciò eravamo pronti a firmare autografi e tutto. Ma quando siamo usciti, questo sciame di gente è venuto verso di noi, così abbiamo dovuto metterci a correre e siamo tornati dentro l'aeroporto. Non avevamo un piano, cercavamo solo di restare vicini e di correre. Con noi c'era solo Paul, il nostro manager, e qualcuno del servizio di sicurezza dell'aeroporto, perciò non potevamo fare altro. Ci saranno state almeno sei o settecento ragazze e mi hanno tirato la maglietta e i capelli, e a Louis hanno strappato a metà la sua felpa. Ci siamo infilati nel gabbiotto all'entrata del parcheggio e abbiamo chiuso a chiave la porta e c'erano tutte queste ragazze che premevano contro i vetri e guardavano dentro. Sembrava di essere un po' in un film di zombie. Alla fine Paul ha dovuto chiamare la camionetta anti-sommossa della polizia per tirarci fuori. È stata la cosa più sconvolgente che mi sia capitata nella vita.

QUESTA È VITA!

Le prove prima del tour di *X Factor* sono andate sorprendentemente bene per me – anche quelle di ballo. La fiducia in me stesso è decisamente aumentata dai tempi delle eliminatore di *X Factor* e riesco a riderci su molto di più con gli altri ragazzi. Ho finito per divertirmi un mondo, e abbiamo anche imparato tante cose nuove. Ci siamo veramente entusiasmati quando abbiamo saputo che saremmo andati in tour, ed è stato fantastico proprio come speravamo; un po' come essere ancora a *X Factor*, anche se non così massacrante. Abbiamo avuto del tempo libero per fare shopping e per starcene a letto, e ce ne siamo andati in giro insieme e abbiamo anche mangiato da dio. Poi ogni sera andavamo sul palco e diventavamo pop star. A dirla tutta, non riesco proprio a pensare a niente di meglio.

La reazione del pubblico è stata incredibile, e ai concerti c'era gente di ogni età che gridava a squarciagola e si divertiva. Un anno fa la sola idea di trovarmi su un palco

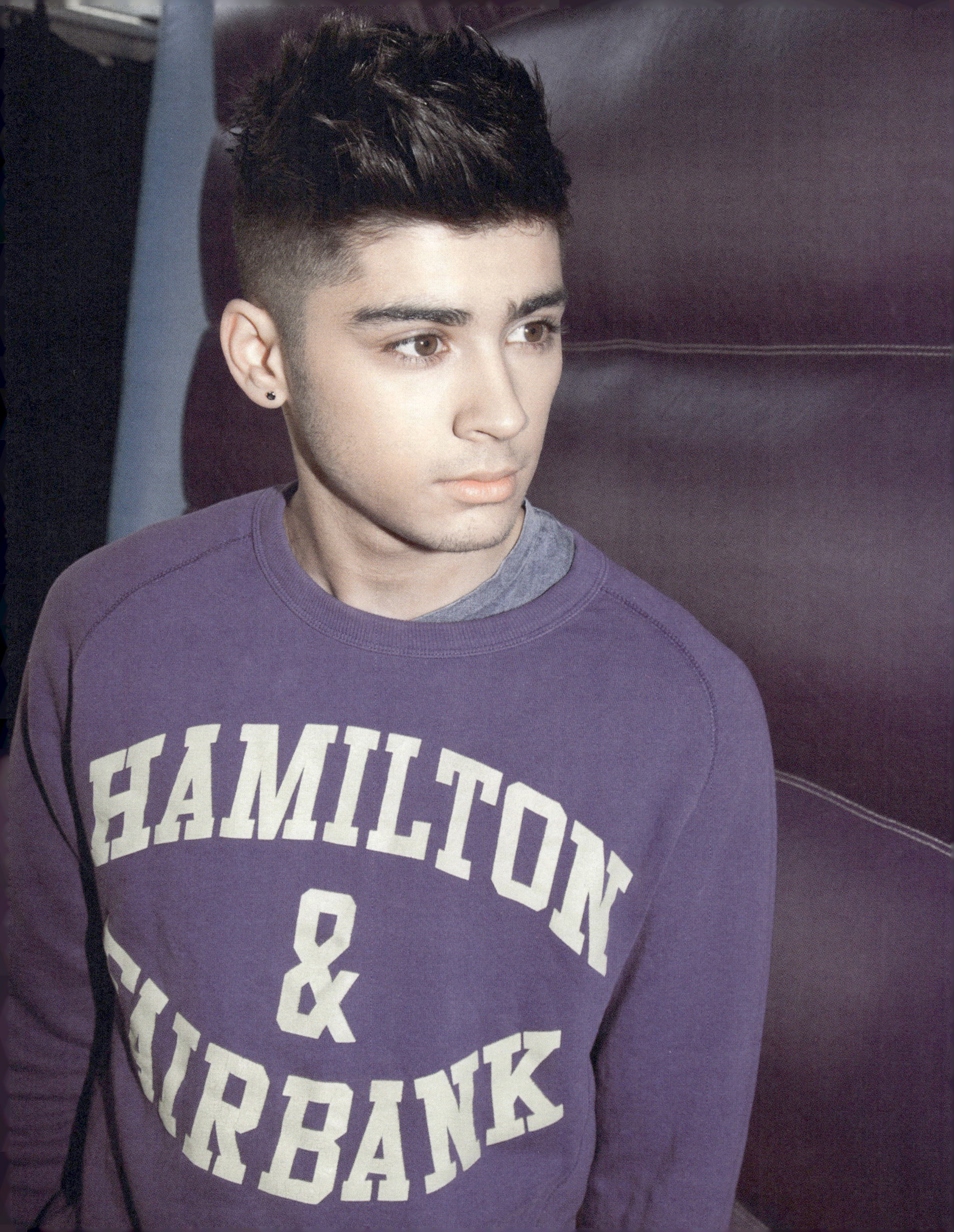
HAMILTON
&

davanti a un mare di gente sarebbe bastata a farmi stare male fisicamente, mentre adesso vado in scena e mi muovo per tutto il palco più sicuro di me. È decisamente la più bella sensazione del mondo.

Non abbiamo certo avuto grandi pretese durante il tour di *X Factor*. Nel camerino, che dividevamo con altri artisti del programma, avevamo un piccolo cestino pieno di caramelle, bibite, patatine fritte e frutta, ma questo era tutto. È stato fantastico dividere il camerino con gli altri ragazzi di *X Factor* e andarcene in giro con gente come Aiden e Matt, adoro quei due. Aiden è proprio come me. È uno tranquillo e riservato, e andiamo perfettamente d'accordo. Anche con Wagner mi trovo bene. È uno spasso stare con lui, perché ha un sacco di storie da raccontare. Faceva divertire tutti e spesso tiravo tardi per stare a sentire le sue storie. Per me è una leggenda vivente.

Durante il tour abbiamo anche fatto un po' di feste in albergo. C'era sempre un privé dove potevamo rilassarci e scambiare due chiacchiere dopo i concerti, e quello è sempre un buon momento per sentire della gente che non senti da un po'. Era bello fare cose così, e anche essere me stesso e giocare un po' ai videogiochi. Ognuno di noi aveva la sua stanza, perciò se volevamo starcene per conto nostro, potevamo farlo. Così a volte, dopo i concerti, me ne andavo in camera mia e mi rilassavo. Ne avevo davvero bisogno. Starmene di tanto in tanto da solo è il mio modo per non uscire di testa.

L'Irlanda è stata uno dei posti che mi è piaciuto di più visitare durante il tour. Lì tutti adorano *X Factor*. Anche suonare a Wembley è stato pazzesco. Ricomincerei il tour anche domani.

Per me la cosa più sorprendente dell'essere famosi è stata che non ti rendi conto di quanto sei diventato riconoscibile.L'altra sera Louis e io volevamo uscire, ma non c'è stato proprio modo perché c'era tantissima gente lì in giro, e se si è in due è ancora più probabile che qualcuno ti noti. Di recente sono andato al supermercato con la mamma e siccome avevo il cappello e gli occhiali da sole non mi hanno riconosciuto fino a che non ce ne siamo andati. Perciò ci sono sempre modi per cavarsela se sei da solo e se vuoi startene tranquillo.

MI PREOCCUPA
POTER ESSER
VISTO COME
UNA BRUTTA
PERSONA

È una cosa veramente strana perchésuccede che io non ci penso per niente e poi di colpo qualcuno mi fa: "Sei tu!". E io penso: "Sono solo Zayn Malik, quel ragazzo di Bradford che se ne stava sempre nella sua stanzetta a giocare al computer".

Anche l'attenzione della stampa mi spaventa abbastanza. Mi preoccupa poter essere visto come una brutta persona. Tutti fanno degli errori, ma quando sei famoso lo tappezzano dovunque sui muri. Non so ancora come cavarmela con tutto, comunque. Voglio essere aperto, ma sto ancora imparando quanto posso aprirmi e con chi.

Da quando siamo diventati una band ci sono capitate le cose più assurde. Rio Ferdinand, il difensore del Manchester United, ci ha invitati al ristorante, hanno prodotto il merchandise degli One Direction e abbiamo perfino girato uno spot per la Nintendo. Lo abbiamo girato in un bellissimo hotel di Londra e non c'è stato niente di costruito, abbiamo fatto un sacco di casino, giocato alla playstation e ci siamo divertiti un mondo. Ci sono successe così tante cose già prima dell'uscita del nostro album che è roba da non crederci. Siamo contenti come non mai di fare musica e di vederla uscire dappertutto.

Non vedevamo l'ora di pubblicare un libro, e quando tutta quella gente è andata a comprare il nostro primo libro ed è venuta alle presentazioni per farselo firmare, ci siamo resi conto di quanti fan avevamo. Non c'è stato un solo momento di noia e abbiamo ricevuto quintali di regali. Ci hanno regalato cioccolatini e rose, e Liam ha ricevuto addirittura del pongo.

Autografare libri è stata una delle prime iniziative promozionali che abbiamo fatto, abbiamo fatto anche servizi fotografici per varie cose, il che non mi ha per niente preoccupato perché sono uno a cui piace tirarsela un po'. Siamo stati anche all'Alan Titchmarsh show, ed è stato più assurdo di andare a *X Factor*.

La cosa più strana è stata quando è uscito lo spot della Nintendo. Ero a casa dei miei amici e vedere noi cinque in tv è stato pazzesco. Io ho solo due veri amici, Danny e Anthony; loro sono strafelici del fatto che sono famoso e ci teniamo sempre in contatto.

PEACE

Abbiamo cominciato a lavorare al documentario all'inizio dell'anno. Non l'abbiamo trovato per niente strano come pensavamo, probabilmente perché avevamo continuamente le telecamere che ci seguivano quando eravamo a *X Factor* e ci eravamo già fatti le ossa. Avevamo un sacco di esperienza, perciò non ci irrigidivamo davanti alla telecamere, eravamo semplicemente noi stessi. Quando ci sei abituato, ti dimentichi presto che hai lì le telecamere. Noi abbiamo fatto come se niente fosse, davvero, perciò quello che si vede è quello che è successo veramente.

La festa di fine riprese dopo la conclusione del tour non è stata niente male. C'era un bel po' di gente che si è scatenata in pista, ma io avevo un volo per la Spagna la mattina dopo e dovevo svegliarmi presto, perciò me ne sono andato a letto prima di mezzanotte. La mia esperienza alla festa di fine riprese è stata ben poca cosa rispetto a quella di altri ragazzi della band. Ero triste che il tour era finito, ma andare in vacanza è stato uno sballo.

Incidere l'album è stato fantastico, adoro tutto quello che ha a che fare con i testi delle canzoni e con le registrazioni. Non ero mai stato in Svezia prima, perciò andarci è stata un'esperienza totalmente nuova, e quello è un posto veramente incredibile. Ci è piaciuto da matti anche ritornare a Los Angeles, perché la prima volta ci eravamo rimasti solo cinque giorni senza vedere un granché. Questa volta ci siamo stati per tre settimane, siamo usciti e abbiamo visto una sfilza di posti.

È sempre piuttosto strano quando ripenso a com'era prima di *X Factor*, quando non avevo nemmeno il passaporto e non ero mai uscito dall'Inghilterra. Adesso, quasi da un giorno all'altro, sono stato in tutti questi posti incredibili. Mi piace volare, è bellissimo!

Appena abbiamo cominciato a registrare musica eravamo consapevoli che la gente sarebbe rimasta stupita, perché non è la tipica musica da boy band. Al momento non c'è niente che assomigli al nostro sound. È completamente nuovo. È il sound degli One Direction e a noi piace da matti.

Quando abbiamo scoperto che avremmo fatto un tour tutto nostro, siamo impazziti di gioia. Per la prima volta non era più una cosa di *X Factor*, ma degli One Direction.

IL CORAGGIO DI SOGNARE

Ci hanno dato l'opportunità di metterci in luce e di far veramente vedere quanto eravamo migliorati e quanti progressi avevamo fatto dai tempi di *X Factor*.

Quest'anno è stato super interessante per noi e ci siamo divertiti tantissimo, non sto nella pelle al pensiero di tutte le cose che devono ancora arrivare, perché ci saranno un bel po' di sorprese strada facendo...

A BRUCIAPELO

DATA DI NASCITA: 12/1/1993
SEGNO ZODIACALE: capricorno

Le cose che mi piacciono di più...

LIBRO: *Harry Potter*
FILM: *Freedom Writers*
PARTE DEL CORPO: Il profilo della mascella
CIBO: Pollo
ALBUM: Donell Jones
AMICO: Liam Payne
CELEBRITÀ FEMMINILE: Megan Fox
NEGOZIO: Topman
BEVANDA: Red Bull
COLORE: Rosso
TELEFILM: *I Griffin*
DOPOBARBA: Unforgivable di Sean John
PROFUMO: Non so i nomi delle marche, ma mi piacciono quelli dolci
VIDEOGAME: Halo
IPHONE APP: Fat Face
IL TUO MODO DI PASSARE LA DOMENICA: A letto
IL POSTO PER UN APPUNTAMENTO: Ristorante
PAESE: Inghilterra
RISTORANTE: Nandos

IL TUO MODO DI RILASSARTI: Oziare a letto

MEZZO DI TRASPORTO: Auto

SERATA: Al cinema

BAND: *NSYNC

DI CHE COLORE È IL TUO COPRIPIUMINO? Nero

CHE TIPO DI INTIMO PORTI? Boxer di cotone

IL TUO PRIMO ANIMALE DOMESTICO: Uno Staffordshire Bull Terrier di nome Tyson

PREFERISCI STARE DA SOLO O CON GLI ALTRI? Mi piace stare solo. Mi piace stare con gli altri, ma adoro anche stare per conto mio

L'ULTIMO LIBRO CHE HAI LETTO: *Un bambino chiamato "cosa" – La drammatica testimonianza di un'infanzia violata*, di Dave Pelzer

LE ULTIME CINQUE COSE CHE TI SEI COMPRATO: Vestiti, vestiti, vestiti, vestiti e vestiti

CHE TIPO DI RAGAZZE TI PIACCIONO? Mi piacciono le ragazze con cui mi trovo bene. Dal punto di vista dell'aspetto, non ho un tipo ideale. Ne voglio una con cui mi sento a mio agio, e che posso viziare un po'.

Ninja

056
FEMALE
ARTISTS

ABERCROMBIE
When Teenage Meets Old
BBC TWO

ENERGIE
music
is
the

2
ENERGIE

11:17
Games
TalkBakWrdz
29 %
Photos
iPod

music

RINGRAZIAMENTI

ONE DIRECTION: Vorremmo ringraziare tutti quelli che ci hanno aiutati a raggiungere questo fantastico traguardo – il nostro secondo libro! Ne siamo estremamente orgogliosi. A tutti quelli che ci hanno sostenuti prima che diventassimo gli One Direction, specialmente alle nostre famiglie e ai nostri amici – grazie!

A tutti quelli con cui abbiamo lavorato nell'ultimo anno: vi siamo incredibilmente grati per i vostri consigli, per la vostra competenza, per il vostro incoraggiamento e per la fiducia che avete avuto in noi. Faremo il massimo del massimo per rendervi fieri di noi!

Infine, ai nostri fan. È difficile evitare i cliché a questo punto, ma davvero noi non saremmo qui senza di voi, la vostra generosità e il vostro amore ci sorprendono costantemente. GRAZIE! XXX

HARRY: Questo è l'anno in cui abbiamo fatto il tour di *X Factor* e l'album: un anno davvero incredibile e ci sono delle persone che devo ringraziare.

Voglio dire grazie a Simon Cowell, Sonny Takhtar, Tyler Brown, Mark Hardy, Kim 'Jimmy' Davidson, Reema Chuhan, Russel Eslamafir, Simon Jones e tutti quelli della SYCO e della Sony.

Un enorme grazie anche a Richard Griffiths, Harry Magee, Will Bloomfield, Marco Gastel, Katie Ray, Annecka Griffiths, Emily Montgomery e agli altri della Modest Management.

E grazie a Nicola Carson e a Innis Ferguson che si sono prese cura di noi in America e che ci hanno insegnato a bere quella specie di fango che è il caffè americano.

Voglio ringraziare tutta la mia famiglia per avermi sostenuto sempre durante questa esperienza – mia mamma, mio papà, mia sorella, Robin, Mike, Noel e Archie. Voglio ringraziare i miei cugini Matthew, Ben ed Ella, ma anche mia zia e mio zio, Dee e Mike.

Voglio ringraziare mio nonno Brian per essere stato il più fico del mondo. Ringrazio mia nonna Beryl e le faccio i complimenti per essere arrivata in tempo al telefono quando l'ho chiamata. Grazie anche ai miei nonni Mary e Keith per aver badato a me.

Voglio ringraziare i miei amici per esserci sempre stati quando ne avevo bisogno – John, Ben, Nick, Naomi, Emilie, Ashley, Sophie, Ellis, Lydia e Will. È sempre bellissimo vedervi anche se non capita spesso... mi mancate.

Voglio ringraziare ancora mia sorella che ha sempre capito quando avevo da fare, ma che c'è sempre stata per parlare con me quando avevo tempo. Ti voglio bene.

Voglio mandare un enorme ringraziamento al nostro tour manager Paul Higgins – ci hai aiutati in tantissime cose e non avremmo potuto avere nessuno migliore di te vicino a noi... E congratulazioni per il tuo recente matrimonio... Tua moglie è veramente sexy.

Un grande grazie al nostro servizio di sicurezza, che si è occupato di noi in modo fantastico.

Grazie ad Ali Barker e a Savan per aver supervisionato tutto e averci aiutato ad affrontare tutte quelle cose nuove mentre stavamo facendo l'album.

Un grazie enorme a tutti i fan che ci hanno sostenuto in modo incredibile... ragazzi, siete pazzeschi, e non saremmo dove siamo senza di voi. Grazie di cuore!

Vorrei ringraziare Alex Kadis perché è la persona più intelligente del mondo e perché è uno con cui è sempre facile parlare... e per avermi aiutato a vedere le cose in modi diversi... sei la miglior "insegnante".

Un grazie enorme a Dennis per le parole che hai trovato e per essere quello che sei... sto ancora rimuginando le tue perle di saggezza!!!

Grazie a Louis, Liam, Zayn e Niall per aver lavorato così duro e per essere le fantastiche persone che siete. È incredibile che abbiamo deciso di passare ancora del tempo insieme dopo intere giornate passate a lavorare, ha-ha!

Mi dispiace tantissimo se ho dimenticato qualcuno... Vi voglio bene.

LIAM: Vorrei anche ringraziare alcune persone che mi hanno aiutato prima che cominciasse tutto questo – Jamie del Great Western Pub, che mi ha dato l'opportunità di cantare in pubblico e di divertirmi; Graham Lauren per le sue lezioni di canto; Roysten, Nick e Ashley e tutti gli altri per avermi tagliato i capelli :)

Grazie a Ronnie, Paul e Hannah e alle loro famiglie per aver lavorato così duro e per avermi aiutato prima che iniziasse quest'avventura rendendo sempre le cose divertenti ed eccitanti anche quando stavo solo cantando per tre persone in mezzo a un campo, ha-ha-ha! Vorrei ringraziare il team che lavora per noi 24 ore su 24 e che sopporta tutte le nostre follie; Preston e Ian del servizio di sicurezza, che si fanno sempre due risate con noi e ci tengono allegri; e Paul, perché è un fantastico tour manager ed è come un fratello maggiore (non volevo chiamarti papà) e perché è sempre lì pronto a parlare con noi se c'è un problema.

Grazie a Lou del trucco e parrucche, e a Caroline e Lydia, responsabili del nostro look, perché si assicurano che siamo sempre a posto. Grazie anche a Vicky e alla fantastica redazione di HarperCollins per aver trasformato i nostri pensieri in parole e per tutto il grande lavoro che avete fatto.

Grazie a tutti quelli che stanno scrivendo canzoni per noi – state facendo un lavoro stupendo, adoro praticamente tutto quello che mi fate sentire. Un ringraziamento speciale a Rami, che ha scritto il nostro primo singolo. Vorrei ringraziare il nostro team della SYCO – Kim e Mark del marketing, perché se ne sono venuti fuori con tante idee grandiose, Sonny e Tyler della casa discografica, per aver trovato le migliori canzoni per noi e infine Simon, perché è un fantastico capo. Vorrei ringraziare Richard, Harry e Will, e Marco ed Emily del management per averci messi nelle condizioni di affrontare il futuro nel modo migliore e per aver sopportato ogni nostra follia.

Vorrei mandare un grande, grandissimo ringraziamento ai miei compagni della band che sono diventati i migliori quattro amici e fratelli che ho. Tutti insieme avete reso questo periodo il più straordinario ed eccitante della mia vita, e non avrebbe senso senza di voi.

Vorrei infine dedicare il mio più grande, grandissimo e stragrandioso ringraziamento a tutti i nostri fan. In qualunque parte del mondo andiamo non avete mai smesso di venire a darci il vostro sostegno. E noi vi amiamo per questo, grazie di cuore.

Mi scuso con chiunque io abbia dimenticato ma ho apprezzato ogni cosa che avete fatto per me, perciò non arrabbiatevi con me per essermi dimenticato di ringraziarvi.

LOUIS: Abbiamo passato un anno incredibile e adesso vorrei prendermi qualche riga per ringraziare ogni singola persona che ha reso quest'anno così speciale.

Vorrei cominciare dicendo un gigantesco grazie a Simon, Sonny e a tutti quelli della SYCO che hanno contribuito a farci avere un contratto discografico. Ali Barker, grazie per averci aiutato nelle prime fasi della produzione del disco e naturalmente grazie a Tyler Brown – complimenti per aver sopportato le nostre battutacce e i nostri scherzi. Un enorme grazie a Lou Teasdale, mammina alle prime armi. Sei una tipa spaziale e hai fatto uno splendido lavoro sui miei capelli per riparare a quello che era un imbarazzante taglio a scodella.

Voi di Modest Management siete stati fantastici – un rigraziamento speciale a Richard e Harry per alcuni ricordi divertentissimi, uno dei quali è stato infilarsi il cappotto di Richard e il suo cappellino del Manchester United, terribilmente trendy. Annecka e Will sono stati i nostri due grandi amici durante il tour e ci siamo anche fatti delle grandi risate insieme. Un grosso grazie al nostro attuale manager Will Bloomfield, che scherza sempre con noi. In ogni modo mi deve avvertire quando si veste a righe perché è un po' imbarazzante quando io e il mio manager abbiamo le stesse magliette. Marco, continua a fare il gran lavoro che stai facendo e a mandarmi vibrazioni positive da Milano.

Un ringraziamento speciale a Paul Higgins, che è stato un grande capo ma anche un grande amico per tutti noi. E naturalmente grazie a Preston, grazie di averci permesso di mettere la testa fuori dal tettuccio della limousine e di bere sul lavoro (questa ovviamente è una battuta!).

Mamma, sei sempre stata la mia migliore amica durante tutta questa esperienza, non potrò mai ringraziarti abbastanza per l'aiuto che mi hai dato. Grazie del tuo altruismo e della tua generosità.

Grazie a tutto il resto dei miei parenti e dei miei amici, specialmente grazie al mio papà, alle mie quattro adorabili sorelline, che stanno crescendo così in fretta, ai miei nonni paterni e materni, alla mia bisnonna Olive, alla zia Rack e a Stan e Ann. Voglio ringraziare anche Edna e Leonard, che erano i miei bisnonni e che mi mancano tantissimo. So che a quest'ora la mia bisnonna sarebbe lì a raccontare tutto di noi alle serate di liscio e che il mio bisnonno starebbe facendo lo stesso al pub mentre gioca a domino con gli amici. Vi voglio bene da morire.

Un ringraziamento davvero speciale va al Colonnello del Kentucky Fried Chicken per avermi dato l'opportunità di vivere l'esperienza dei frullati Krushem, qualcosa che porterò con me per il resto della vita. Grazie, Colonnello – te ne sono veramente grato. Naturalmente grazie anche al Mecca Bingo – senza un gioco così fantastico la mia vita non sarebbe la stessa.

Un gigantesco grazie a tutti i fan per il loro ininterrotto sostegno durante tutto *X Factor* e durante il tour, e per essere corsi a comprare il nostro primo singolo. Noi non saremmo niente senza di voi, grazie di cuore per tutto. Vi amiamo! ☺

Infine, grazie naturalmente ai quattro ragazzi che non hanno mai smesso di divertirsi e di scherzare durante questa fantastica esperienza: Harry, Liam, Zayn, Niall. Sono stato veramente fortunato ad incontrarvi. Scrivere questi ringraziamenti mi ha fatto rendere conto di quanto mi sento riconoscente per quello che ognuno di voi ha fatto per me. Sono incredibilmente fortunato ad avervi vicini.

Grazie infinite, ragazzi.

NIALL: Vorrei cominciare dicendo che questo è stato l'anno più pazzesco della mia vita, abbiamo fatto il tour di *X Factor* negli stadi di tutto il mondo: che esperienza fantastica! Abbiamo inciso il nostro primo album e durante quel periodo abbiamo avuto l'occasione di viaggiare moltissimo; siamo stati in Svezia e a Los Angeles e abbiamo lavorato con alcuni dei migliori produttori internazionali.

Mentre facevamo tutte queste cose, abbiamo ricevuto aiuto e consigli da persone straordinarie. Vorrei ora ringraziarne alcune!

Grazie al nostro formidabile tour manager, l'unico e inimitabile Paul Higgins che ci segue dappertutto e sta con noi ventiquattr'ore su ventiquattro. Senza di te saremmo rimasti fregati, sei un tipo fenomenale, Paul (e ovviamente il fatto di essere irlandese ha contato molto in questo...).

Un grosso grazie anche a quelli del servizio di sicurezza. Vorrei anche ringraziare il nostro manager Will Bloomfield e il suo assistente Marco Gastel che sono stati fantastici con noi. La conoscenza che ha Will dell'industria dello spettacolo è praticamente sterminata e lui c'è sempre quando abbiamo bisogno di una mano! Grazie a tutti quelli della Modest Management, la spina dorsale dell'intero processo: Richard e Harry, Katie Day, Ben Evans e Nicola Carson, il nostro manager in America. Grazie per essere sempre pronti ad aiutarci. È impossibile ringraziarvi abbastanza. Grazie a tutti quelli della SYCO, specialmente ai consulenti della casa discografica e ai marketing manager che ci hanno seguiti. Grazie alle tante persone che hanno vissuto insieme a noi quest'anno incredibile. È stato qualcosa di pazzesco, e siamo davvero grati di quello che ci è capitato e delle persone che abbiamo avuto occasione di conoscere. Vorrei anche dire grazie agli straordinari produttori e autori di canzoni con cui abbiamo lavorato: l'unico e inimitabile Savan Kotecha, che è stato con noi fin dai tempi di *X Factor* e che ha scritto insieme a noi alcune nostre canzoni, Steve Robson, Wayne Hector, Steve Mac, Jamie Scott e tutti quelli della Metrophonic, Rami Yacoub, RedOne e tutto il suo team, Andrew Frampton, Kojak ("Everyday I'm Stackin' It, Stack It Real Hard").

Claude Kelly, Andreas e Josef degli studi discografici Quiz & Larossi, Matt Squire e Toby Gad. È stata un'esperienza unica lavorare con tutte queste persone.

Un grosso grosso ringraziamento va ai nostri incredibili fan sparsi in giro per il mondo. Noi non saremmo letteralmente niente senza di voi e siamo grati a ognuno di voi, ragazzi, siete stati pazzeschi ovunque siamo andati, in tour, per strada, alle presentazioni del libro e naturalmente su twitter e facebook, dove facciamo del nostro meglio per mettervi in contatto con la nostra vita di tutti i giorni. Vi promettiamo di aggiornarvi su tutto quello che veniamo a sapere. Vi amiamo, e speriamo che starete sempre con noi!

Un gigantesco grazie ai ragazzi – Harry, Zayn, Liam e Louis – per aver reso quest'anno il migliore della mia vita, per le risate, le battutacce e il casino che abbiamo fatto insieme... e poi per l'amicizia che ci unisce... siete sul serio i miei quattro migliori amici... vi voglio un casino di bene, ragazzi...

Di nuovo grazie infinite a tutti! È stato grandioso lavorare con tutti voi che ci avete resi quello che siamo oggi: gli One Direction.

Con tutto il mio amore,

Nialler

ZAYN: Questo è stato un anno memorabile e vorrei ringraziare tutte le persone che hanno contribuito a renderlo possibile.

Vorrei anche dire che quest'anno mi sono divertito da matti con gli altri quattro ragazzi e che spero di continuare a farlo per tanti altri anni :)

Vorrei ringraziare la mia famiglia e i miei amici che mi hanno sostenuto e che hanno sempre avuto fede in me. Vorrei anche ringraziare la Modest Management e Simon Cowell e la SYCO, la sua etichetta discografica, per avermi aiutato tantissimo e per avermi dato questa straordinaria opportunità :)

Titolo originale: *Dare to dream - Life as One Direction*

Tradotto dall'inglese da Laura Simene

ISBN 978-88-96968-91-8

Stampato in Italia

7

FSC
www.fsc.org
MIX
Paper from responsible sources
FSC® C007454